# La Photographie « de » Wittgenstein

## Ouverture philosophique

*Collection dirigée par Aline Caillet, Dominique Chateau, Jean-Marc Lachaud et Bruno Péquignot*

Une collection d'ouvrages qui se propose d'accueillir des travaux originaux sans exclusive d'écoles ou de thématiques.

Il s'agit de favoriser la confrontation de recherches et des réflexions, qu'elles soient le fait de philosophes « professionnels » ou non. On n'y confondra donc pas la philosophie avec une discipline académique ; elle est réputée être le fait de tous ceux qu'habite la passion de penser, qu'ils soient professeurs de philosophie, spécialistes des sciences humaines, sociales ou naturelles, ou… polisseurs de verres de lunettes astronomiques.

### Dernières parutions

Robert FOREST, *L'homme connaissant, Quatre essais de philosophie critique*, 2016.

Germain-Djéry NDONG-ESSONO, *De l'éthique environnementale à la dialectique réflexive. Confrontation entre Hans Jonas et André Stanguennec*, 2016.

Gérard GOUESBET, *Violences de la nature*, 2016

Olivier VERDUN, *L'énigme de la domination*, 2016

Michel FATTAL, *Du bien et de la crise, Platon, Parménide et Paul de Tarse*, 2016.

René PASSERON, *L'amour refus*, 2016

Mouchir Basile AOUN, *La Cité humaine dans la pensée de Martin Heidegger. Lieu de réconciliation de l'être et du politique*, 2016.

Nikos FOUFAS, La critique de l'aliénation chez le jeune Marx, 2016.

Patrick MBAWA DEKUZU YA BEHAN, *Le paradoxe du pardon chez Paul Ricoeur. De la gratuité à la gratitude*, 2016.

Hélène MICHON, Tamás PAVLOVITS, *La sagesse de l'amour chez Pascal*, 2016.

Philippe FLEURY, *Figures du gnosticisme*, 2016.

Auguste NSONSISSA, *La grammaire de la signification. Querelle des fondements de la philosophie contemporaine du langage,* 2016.

Pascal GAUDET, *Qu'est-ce que la philosophie ?, Recherche kantienne,* 2016.

Pierre DREYFUSS

# La Photographie « de » Wittgenstein

L'Harmattan

**5-7, rue de l'École-Polytechnique, 75005 Paris**

http://www.harmattan.fr
diffusion.harmattan@wanadoo.fr
harmattan1@wanadoo.fr

ISBN : 978-2-343-09464-9
EAN : 9782343094649

*Mais les vérités les plus claires sont forcées d'échouer contre l'enthousiasme, l'habitude et la crainte ; rien de plus difficile que de détruire l'erreur quand une longue prescription l'a mise en possession de l'esprit humain. Elle est inattaquable quand elle est appuyée du consentement général ; propagée par l'éducation, invétérée par la coutume, fortifiée par l'exemple, maintenue par l'autorité, et sans cesse alimentée par les espérances et les craintes des peuples, qui regardent leurs erreurs mêmes comme le remède de leurs maux. Telles sont les forces réunies qui soutiennent l'empire des dieux en ce monde, et qui paraissent devoir y rendre leur trône inébranlable.*

Paul-Henri Thiry d'Holbach. – *Système de la nature* (1770), deuxième partie, chapitre XI.

# LISTE DES OUVRAGES DE WITTGENSTEIN EN ABREGÉ

Toutes les indications bibliographiques répondent à la notation suivante :

(CA, 17), renvoie à *Carnets de 1914-1916*, p.17.

**CA** : Carnets de 1914-16.

**CB** : Le Cahier Bleu & le Cahier Brun (première trad.).

**CB II** : Le Cahier Bleu & le Cahier Brun (nouvelle trad.).

**CC I** : Cours de Cambridge I.

**CC II** : Cours de Cambridge II.

**CC III** : Cours de Cambridge III.

**CCS** : Carnets de Cambridge & de Skjolden.

**CF** : Cours sur les fondements des mathématiques.

**DCL** : (DRURY) Conversations avec Ludwig Wittgenstein.

**DIC I** : Dictées I.

**EP** : Etudes préparatoires.

**F** : Fiches.

**GP** : Grammaire philosophique.

**IE** : L'intérieur & l'extérieur.

**L** : Leçons et conversations.

**NE** : Notes sur l'expérience privée.

**PHI I** : Philosophica I.

**PHI II** : Philosophica II.

**PHI III** : Philosophica III.

**RC** : Remarques sur les couleurs.

**RM : Remarques mêlées.**
**RP** : Remarques philosophiques.

**RPP I** : Remarques sur la philosophie de la psychologie I.

**RPP II** : Remarques sur la philosophie de la psychologie II.

**TI** : Tractatus suivi des Investigations |Recherches| philosophiques.

**TN** : Tractatus (nouvelle trad.).

**TO** : Tractatus (original allemand).

**WCV** : Wittgenstein & le Cercle de Vienne.

**WRF** : Remarques sur les fondements des mathématiques.

# RÉCAPITULATIF THÉMATIQUE DES OCCURRENCES PHOTOGRAPHIQUES

I. – Photographie composite (Galton) : CB, 49. CB II, 58. CC II, 98. DIC I, 60. GP, 233. L, 143. PHI II, 139, RP, 279. PHI III, 11.

II. – Image photographique de quelqu'un : CB II, 85. CCS, 87. PHI II, 171, 171-172, 172-1, 172-2, 172-3. RM, 26. RPP I, 48, 69. RPP II, 80. TI, 338. CC III, 127, 133, 147, 190, 213, 268.

III. – Figurativité des images photographiques : CB II, 208. CC I, 27. RP, 148. RC, 17-1, 17-2, 17-3, 41, 45, 52-53. RPP I, 48. TI, 150, 226, 322-323. WCV, 23.

IV. – Plaque photographique enregistreuse : CB II, 219. L, 26. RC, 56-57. RP, 148. RPP I, 114, TI, 319.

V. – Identifier quelqu'un au moyen d'une photo : CB II, 255. F, 89. RPP II, 108.

VI. – Photo de famille : CCS, 67. GP, 357.

VII. – Photographier au rayon X : CCS, 85.

VIII. – Photographier en infrarouge : CF, 5, 6.

IX. – Photographie comme mode de projection : CC I, 50. DIC I, 142, 256. GP, 179. RPP I, 209, 211, 220, 232. RPP II, 49.

X. – Semblance photographique : CF, 60-61, 61. PHI I, 38. RC, 65-1, 65-2, 65-3, 65-66. CC III, 212.

XI. – Photographie & duplication : CF, 161. F, 164.

XII. – Aporie de l'instantané : DIC I, 157, 158. EP, 154. F, 126.

XIII. – Dimension poïétique : EP, 170, 178, 180, 214. L, 70. RPP I, 221. RPP II, 103. CC III, 155. IE, 21. WRF, 298.

XIV. – Autonomie des sensibilités photographiques : DIC I, 142, 163-1, 163-2, 219. EP, 52, 66, 226-2. F, 69. PHI II, 218-219, 220, 221. RPP I, 101, 223. RPP II, 14, 49, 108. CC III, 82, 270.

XV. – Photographie & stéréoscopie : EP, 206. RPP II, 103. TI, 334, 345.

XVI. – Expérimentation artistique d'images photographiques : EP, 228. F, 69. RC, 66-1, 66-2. RPP I, 113, 208. CC III, 4. DCL, 114-115. IE, 16-1, 16-2, 32, 99. WRF, 173.

XVII. – Référent & référé : CC III, 9, 12, 29, 74, 109-1, 109-2, 114-115, 115, 127, 156, 275, 276, 287. WRF, 158, 200.

XVIII. – Photographier (prendre des photos) : CC III, 150, 270. DCL, 131, 146.

XIX. – Diapositive : CC III, 262.

« Je crois que mes phrases sont pour la plupart des descriptions d'images visuelles qui me viennent à l'esprit. »

(31.X.1931), CCS, 79.

# PRÉAMBULE

Pour aussi grande que paraisse la tentation d'un essai autobiographique, on s'efforcera d'y résister. Ne serait-ce que pour ne pas « trahir » (traduire) la philosophie de Wittgenstein en un idiome imaginaire, qui ne connaîtrait que la première personne du singulier. Fi de l'ego ! *Avec* (J.-P. Cometti) Wittgenstein devons-*nous*, doit-on (impersonnellement) essayer de penser ce qu'il a tenté de (nous) montrer à propos de la Photographie. Règle intransgressable : s'effacer devant une voix qui résonne depuis un demi-siècle, après qu'elle se soit tue (silence imperturbable) une dernière fois. Pas plus qu'il est quasiment impossible de parler *de* quelque chose (la Photographie), mais, *à partir* de quelque chose, pas plus ne s'étonnera-t-on pas que Ludwig Wittgenstein se soit penché, très tôt dans son existence, sur cette « grande Inconnue du monde moderne » (R. Barthes) : la Photographie.

La question qu'on doit pouvoir se poser serait la suivante. Non pas pourquoi, mais *comment* se fait-il, pour quelles raisons, Wittgenstein s'est-il adressé à la Photographie, en la priant d'accepter d'apporter sa contribution à l'édification d'investigations philosophiques ? L'essai se propose d'apporter des fragments de réponse à cette interrogation. Toutefois, qu'on ne cède pas à la nouvelle tentation, en vertu de laquelle des « leçons » s'ensuivraient d'une contribution, il faut l'admettre, aussi pusillanime qu'hardie, aussi timorée que téméraire.

Car à condition qu'on se mette à l'écoute de ce que Wittgenstein permet à la Photographie de « dire », la concernant elle seule, se vérifiera la sentence exacte de R.

Barthes, appelée quelques lignes plus haut. Au lieu d'épouvanter, une découverte ne doit-elle pas enthousiasmer, &, émerveillant, étonner, autrement dit : donner à « penser » ?

Grâce à de singulières « contorsions » des procédures de considération (*Betrachtung*), Wittgenstein lance un pari philosophique. Et si l'on a « tout faux » à propos de ce qu'on *dit* (*epos*), non pense, *sur* la Photographie ? Tout faux, ou presque, c'est quasi égal. Comment se fait-il que tant d'esprits, par ailleurs sagaces, se soient égarés, dépeignant la Photographie sous des traits ne lui ressemblant nullement ? Il est très facile de répondre à cette question de méprise (*allodoxia*). « *Errare humanum est* », une réponse trop partielle, partant partiale, i.e. erronée.

Une personne égarée, abusée par son sens, ne doit pas être invoquée. Pour l'énoncer lapidairement, il s'agit d'un abus de confiance en la toute-puissance élucidatrice du langage, lorsqu'on le somme de dire ce qu'à aucun prix il ne saurait dire. Car on tentera de le montrer en s'appuyant sur les remarques philosophiques de Wittgenstein, la Photographie va « dire », contrairement aux habitudes courantes, que le langage ne peut rien dire d'elle avant d'avoir entendu & tenu compte de ce que, elle seule, peut & a à « dire ».

Le langage doit ainsi commencer par se mettre à l'école du silence, s'il escompte une restitution de sa raison d'être : communiquer, signifier (E. Benvéniste). Si sa fantaisie le pousse à faire l'école buissonnière, de la Photographie il doit se séparer. Alors, « ça » (Lichtenberg) parle, de tout, de rien, plutôt que de ne rien dire (Goethe).

Des représentations d'usage de langage fournissent quantité *d'images allusives* de ce qu'on se figure que devrait *être* la Photo*graphie*. Seulement, au final, il s'avère qu'aucune relation motivée ne puisse rationnellement s'établir entre ces « images » (nuages) & la Photographie.

Cette impossibilité de recourir au langage comme si de rien n'était se caractérise par les espèces d'une anthropomorphisation (*reductio ad hominem*) & de la *Photo*graphie & des performances, des compétences élucidatrices prêtées au langage. Wittgenstein suggère un changement de considération (*Betrachtung*).

Il n'appartient pas au langage de décider, de décréter de ce à quoi la photographie doit se résoudre de passer. Ethiquement, esthétiquement, si l'on fondait une appréhension de la Photographie sur une telle « vision », un éblouissement de la conscience s'ensuivrait inéluctablement. Ethiquement & esthétiquement, Wittgenstein objecte : si la Photographie échappe aux modalités d'appréhension courante, participant aux démarches d'expérimentation artistique, on doit admettre & confesser un double « meurtre ». Ou plutôt : un suicide & un meurtre.

On commencera par le sort de la « victime », la *Photo*graphie. En la réduisant (passant) au silence, on « assassine » sa raison d'être sensible : être capable de montrer sa participation au domaine de l'instauration esthétique (Etienne Souriau), en soumettant au regard de tout le monde des conditions de visibilité (*Anschaulichkeit*), qui ne peuvent se produire, se présenter (*dargestellt*) nulle part ailleurs. *De profundis* Photographie ?

Ce serait sous-estimer ses facultés de résistance aux tentatives *verbales*, aux raisonnements (fonctionnels) lui intimant de se « taire », de n'avoir rien à « dire » ni à répliquer. *Rien* ne peut empêcher la *Photo*graphie d'avoir son mot à dire au sein d'un débat où le bon sens édicte (verbalement : *flatus vocis*) qu'elle n'a rien à « dire ». À si vil prix, le Photographie ne s'en laisse pas compter, rouler dans la farine du langage. Telle Goupil, elle a plus d'un tour dans son sac à malices. Et qui s'en remettrait naïvement aux représentations d'usage du langage se verrait condamné aux voluptés onanistes & solipsistes d'un plaidoyer *pro domo*.

Effectivement, si on cherche un brigand en cette affaire « criminelle », on n'éprouve aucune peine à identifier le suspect. Imprudent, frivole, sûr de lui, il répand parmi les reliefs de ses tentatives d'assassinat un nombre incalculable d'empreintes digitales le dénonçant sans hésitation.

Sectateur des pratiques d'identification projective (*Einfühlung*), ce n'est donc pas au champion du solipsisme que la considération de Wittgenstein se consacrera. Qu'il se dépatouille tout seul. Ethiquement, cela ne regarde personne, à partir du moment où un homme averti en vaut deux & que, tout compte fait, on s'aperçoit qu'on ne trouve plus personne à qui se fier. L'anthropomorphisation fait signe du côté des croyances. Or, anthropologiquement l'esthétique ne participe pas au domaine des croyances, des visions, des chimères.

La considération plastique suggérée par Wittgenstein confère à la Photographie une *allure* insoupçonnable, en raison des accoutrements (« images ») dont on se persuadait qu'eux seuls lui convenaient. *Larvatus prodeo*. Bas les masques, les dominos au vestiaire. Fin de partie. Passons aux choses « sérieuses » & commençons par interroger : face à une image *photographique*, comment, par quoi, se définit notre « attitudes », notre posture (éthique, esthétique) ?

Lorsqu'au sol choit le peignoir de nos convictions domestiques, on se trouve face à face avec la Photographie, cette antique vierge, plus que centenaire ayant conservé intacte sa juvénile vigueur intempestive. Rien ne va plus, bien avant que les jeux (de langage) soient faits & que la partie soit remise, à défaut de quelqu'un ayant autorité à y *participer*.

Effectivement, si l'on prétend participer à une assomption sensible de la *Photo*graphie, on *doit* renoncer au méchant penchant de vouloir lui imposer quoi que ce soit, au gré de notre fantaisie (personnelle). A la Photographie incombe la responsabilité de ses manifestations d'instauration esthétique. On a rien à redire à propos de ce qu'elle a à « dire », surtout quand on détient un regard préalablement aveuglé afin qu'il chante mieux les louanges de la méconnaissance & de la mécompréhension.

On l'a assez dit, Wittgenstein ne donne aucune « leçon ». Toutefois, il suggère cette « loi d'airain ». Avec les commerces artistiques, ceux-ci ne peuvent s'établir sans l'indispensable concours des démarches d'expérimentation artistique. Il ne faut pas rêver, lâcher la proie pour l'ombre.

Quels que soient les astucieux prétextes dont aura su se parer un apologiste de la postmodernité artistique, au crépuscule du IIe millénaire voire à l'aube du IIIe, -& plus tard encore : à l'avenir- , la suspension suppressive d'une nécessité irréfragable de devoir entreprendre des démarches d'expérimentation artistique, scelle un pacte de solidarité avec le programme utopique d'un sauvetage des apparences : un consensus holiste, mué en habitus naturel, selon lequel seul prend effet & sens ce qui répond d'un événement matériel, indépendamment du fait qu'un tel événement soit également appréhendé comme bouleversement de nos conditions de visibilité ; une possibilité, aussi rare qu'exceptionnelle, de relancer le questionnement philosophique par le moyen d'un avènement sensible, littéralement « extra-ordinaire ».

Wittgenstein pousse les conséquences logiques de son investigation esthétique de la Photographie en restituant à celle-ci une aire sensible, située au-delà des limites du langage. Là-bas, seule règne la « loi » de la Photographie. A quiconque appartient d'en découvrir les composantes uniques, non d'en inférer, comme de coutume, de notre propre chef, même si l'on s'imagine qu'elles sont *ad hoc*.

En matière de convenance, de congruence, seule la Photographie se trouve habilitée à trancher sur ce qu'on dit « penser » d'elle, à savoir des rumeurs (*phémaî*) répandues sur son compte, répétées *ne varietur*, *ad libitum*, compulsivement, depuis des temps, pour ainsi dire, immémoriaux.

Devant ce corps d'argumentation (comme on parle d'un « corps de garde », d'un « corps expéditionnaire »), contre ce corpus verbal, la Photographie ne dispose que d'une faculté protectrice : montrer ce qu'elle a à « dire » - ce qui constitue déjà, « en soi », une faculté trop exceptionnelle pour manquer l'occasion d'être témoin d'un tel avènement sensible (apparance d'une semblance).

En Photographie, il semble constant que « dire » s'exprime (**Außerung** ou « expressivité sensible ») par le biais de ce qui se présente (*dargestellt*). En l'occurrence, participer à un tel avènement sensible (assister & contribuer au dévoilement de conditions de visibilité impré*visible*), revient à accorder la seule chance pour que la Photographie délivre ce qu'elle a à « dire » & que seul un regard peut en accomplir la manifestation plastique, à la faveur de démarches d'expérimentation artistique.

Décidément, impossible de se fier aux apparences. Non conçues en termes d'impostures, de simulations, d'illusions *per se*. La « tragique » méprise d'objet & de sujet réside en le fait suivant. Dès qu'on a accoutumé de ranger la Photographie sous la bannière de la *mimèsis* représentative, l'hégémonie du figural gomme toute effectivité à ce qui se manifesterait par la « puissance » sensible (*dunamis*, *Kraftfeld* ou « champ de force »), instauratrice d'une figurativité (*Bildhaftigkeit*, autrement dit *semblance*).

Dès qu'on accepte ou qu'on croit en la suprématie des apparences (iconiques), celles-ci sont considérées tenir lieu (*suppositio*, *Vertretung*) d'intermédiaire (*déèsis* : medium & médium) entre deux entités à jamais séparées l'une de l'autre : une sorte de percepteur, gestionnaire des apparences (dites) & de, à, quoi elles sont censées (verbalement), « normalement », suppléer (un *référé* contingent : ce dont on *annonce* que la photo, la « photo *de* … », doit « être »).

À cet endroit précis du (simili) débat entre ce gestionnaire, médiocre calculateur, & ce dont il prétend ordonner la gérance sans faille (des apparences), Wittgenstein, permettez l'expression, « met les pieds dans le plat ». A bien des égards, ne *ressemblent* à rien ces photos auxquelles on se fie, quand on *imagine* (*adaequatio rei et intellectus, reductio ad hominem, libido potentis…*) qu'elles réalisent un sauvetage impeccable des apparences. La raison d'une telle flagrante défection ?

Elle se présente en toute simplicité. La Photographie est incapable de montrer, par conséquent de « dire », de garantir un tel accomplissement figuratif. Elle ne se porte garante que de sa figurativité (sa faculté d'instauration esthétique : la semblance), laquelle s'actualise sous les auspices d'une présentation de manifestation sensible, bouleversant nos conditions de visibilité.

Elle s'avère impuissante à honorer un contrat de ressemblance (*Ähnlichkeit*), dès lors que toutes ses capacités plastiques confèrent aux images *photographiques* une seule aptitude, on l'a entrevu : celle de *sembler*. Les démarches d'expérimentation artistique permettent de montrer & de dire, sans artifice, la mise en œuvre de cette faculté de semblance comme étant à la fois une force & une faiblesse de la Photographie.

Une force exprimable en termes d'instauration plastique, de promotion d' « apparences » semblantes, à l'œuvre en tout image *photographique*, fût-elle banale photo « anonyme » ; faiblesse, en ce qu'elle brise le miroir (langage) des apparences, signifiant, à terme, une déception des attentes figuratives habituelles. Et, objectera-t-on, à juste titre, si une si lourde perte (illusoire) aux dépens des apparences, la Photographie en porte incontestablement la responsabilité, qu'y gagne-t-on en lot de consolation ?

On y gagne rien moins qu'une *Photo*graphie, débarbouillée de ses représentations d'usage du langage, destinées à perpétuer une « vision » (un mythe) illusoire, illusionniste, d'une Photographie inféodée, domptée, attendue comme maîtresse du sauvetage des apparences, en tant que *nec plus ultra* d'une apparence privée de référent localisable.

Au mot « photographie » ne renvoie rien qui puisse garantir comment elle procède sur le plan de ses manifestions de conditions de visibilité instauratrices, qu'elle seule est en mesure d'assumer. Entre le mot & la chose feint de s'immiscer une possible corrélation (inférée), scellant un traité de ressemblance (lieutenance, iconicité) entre, *apparemment*, ce qu'on (dit) *voir* (un référé) & ce qui (se) montre (un référent : image *photo*graphique) sous des atours sensibles (apparance de semblance), n'ayant, manifestement, aucune relation avec ce qu'on *proclame* « voir » & qu'on ne prend même pas l'élémentaire peine de regarder.

À cet essai incombe la tâche de présenter de quelle façon unique Ludwig Wittgenstein est parvenu à considérer la Photographie telle un art plastique comme d'autres, plein de promesses esthétiques, en souffrance de candidats dévoués pour les tenir effectivement, art à part entière, y compris sur le plan de l'autonomie (*autarkéia*) de son champ de sensibilité.

Par contre, à défaut de compétences adéquates, on devra renoncer au dessein de spécifier le rôle tenu par la Photographie dans le déploiement des investigations philosophiques de Wittgenstein. D'autres, mieux formés, informés, pourront s'y employer à loisir.

Une ultime précision revenant sur la première phrase de ce préambule. On l'a déjà dit : autant que faire se pourra, l'auteur de l'essai s'effacera derrière les dits du philosophe de Cambridge Non pas qu'il n'ait rien à dire sur ce que la Photographie a à « dire », mais qu'il eût été inadmissible d'usurper une parole, qui ne revient de droit qu'à ceux qui peuvent la comprendre.

Or sur ce point précis, si ma considération de la Photographie se découvre à travers ce que Ludwig Wittgenstein en expose, je dois avouer qu'une quantité de considérations, ici rapportées, me dépassent littéralement. On a toujours besoin d'un plus intelligent que soi.

En tout état de cause, que la Photographie soit invitée au débat qu'on lui aménage, en ne la privant pas de son droit de réponse, en ne censurant pas ce qu'elle a à « dire », constitue, à mes yeux, une occasion magnifique, que je ne pouvais décidément pas laisser échapper par étourderie.

# PRÉSENTATION

À Constance

À Jean Vignes

À Jean-Pierre Cometti

À la mémoire de Rainer Rochlitz

À moins que cette information ait été négligée, ce qui peut toujours arriver quand on n'est pas omniscient, la considération esthétique prêtée par Ludwig Wittgenstein à la Photographie semble être passée inaperçue, à tout le moins tenue pour négligeable, dès qu'on se tourne vers les littératures photographique ou philosophique. Pour tenter de pallier cette omission, cet essai, sans prétention autre que de rendre justice à la sagacité d'esprit du philosophe de Cambridge, va essayer de montrer dans quelle mesure, à son époque comme à la nôtre, ses découvertes s'avèrent d'un prix sans pareil.

Au moment où l'on constate le triomphe de la Photographie sur les scènes culturelles de l'art contemporain, force est d'admettre, qu'à défaut d'analyse critique pertinente, la Photographie endosse le rôle d'une évidence *indiscutable*. En dépit de ce qu'on ait à redire d'un tel état de fait patent, la Photographie s'affiche comme un « art plastique », serviable à toutes fins, sauf, il faut en convenir, celle d'une *esthétique des arts plastiques*. Ce ne sont pas les « plasticiens » qui prétendront du contraire.

En effet, il est incontestable que les soucis des plasticiens d'art contemporain se signalent ailleurs ; à n'en pas douter : la *Photographie en tant qu'art plastique* ne figure pas au programme de l'art contemporain. Tant il est vrai qu'on n'attend rien d'elle, hormis qu'elle réalise des fonctions diverses, dont on verra, au moment opportun, qu'elles ne sauraient être conformes à ce que la Photographie, elle seule, est en mesure d'actualiser sur le plan sensible.

Pour le moins énigmatique de prime abord, l'inscription de la Photographie au cœur de l'art contemporain semble davantage répondre d'une « fatalité », d'une « obligation », que d'un choix délibéré. Et si l'absence d'intérêt symptomatique pour la plasticité de la Photographie dans l'art contemporain a vraisemblablement un sens, on pourrait avancer qu'à ce dessein d'une discrétion impeccable se joint une autre intention, plus inquiétante celle-là, puisqu'il y va de la liquidation des facultés critiques (esthétiques) de la Photographie, en cette circonstance inconcevables, puisque avortées avant même qu'elles aient vu le jour.

L'art contemporain semble s'évertuer à dresser des autels à une Photographie souveraine, à condition que les prestiges d'une telle élection distinctive redorent le blason symbolique de l'art contemporain & que les incantations apotropaïques adressées à la Photographie se soldent par un mot d'ordre ne souffrant nulle contestation. L'assomption *nominale* de la Photographie, appelée de ses vœux par les promoteurs d'art contemporain, n'a de sens que si cet art (plastique) observe la plus absolue des discrétions : « Sois belle & tais-toi »…

Bien entendu, la tentation est grande de se gausser de cette « Photographie », devenue la « blonde » de l'art contemporain. Il faut commencer par spécifier qu'il n'y a que peu d'intérêt à vouloir sonder les usages (socio-économiques) de la Photographie qu'en fait l'art contemporain. Ils ne réfractent qu'une reprise « révisée » de ce qui n'ont jamais cessé d'être les pratiques sociales de la Photographie, la révision portant essentiellement sur la disposition de moyens économiques, indépendamment desquels les grandes « machines » photographiques contemporaines ne se verraient jamais appendues aux cimaises des institutions culturelles.

Tout ceci pour dire qu'il n'y a pas lieu de contester ou de déprécier ce que l'art contemporain conçoit comme le *nec plus ultra*, le *summum bonum* en matière de Photographie, mais attirer l'attention sur le fait que ce genre de « performances » culturelles s'accompagnent de protections pour le moins inquiétantes. Elles se réclament d'un art plastique, dont elles ne mettent à contribution que des fonctions techniques élémentaires (la reproduction mécanique dévaluée ambigument par Walter Benjamin), d'un côté ; d'un autre côté, elles feignent avec tant de respect (« léché ») l'apparence des tableaux de peinture ou des affiches publicitaires, que le rejet du mimétisme, espéré du moindre art plastique, s'inverse, devenant un devoir de copie des allures « artistiques » les plus déplorables.

Cela ne mènerait à rien de stigmatiser l'adulation du psittacisme hautement considéré en art contemporain, dont la Photographie ne fournit qu'une possibilité de reprise parmi tant d'autres. Quand Wittgenstein se penche avec un intérêt insigne sur l'esthétique photographique, même si l'on peut douter qu'il disposât d'une « vision synoptique » sur la question, reconnaissant de lui-même, comme Roland Barthes, qu'il était un piètre praticien, tout ce que l'histoire des sensibilités photographiques peut lui présenter comme échantillonnage sûr n'a rien à envier de celui à disposition des « plasticiens » photographes de l'art contemporain, dans l'étroite mesure où ils se contentent de copier des procédés de formalisation auxquels ils ne prêtent guère d'attention, sauf sur le plan d'une rectitude imitative.

La question de l'acculturation aux pratiques domestiques de la Photographie, celles répondant au sens commun, au lieu de s'interroger sur le sens qu'il y aurait à les recopier, purement & simplement, sans la moindre velléité de distanciation critique, comme l'art contemporain revendique ses prestiges culturels, Wittgenstein a le sentiment, qu'à son époque (comme à la nôtre), si la Photographie perd son temps à singer la peinture (par exemple), c'est sûrement qu'elle devrait avoir mieux à faire. Or, pour conforter la considération esthétique de la Photographie, en la tenant pour un art plastique entièrement assumé d'un point de vue immanent, on ne peut parvenir à cette fin qu'en concevant *autrement* l'esthétique photographique.

Si la Photographie peut avoir la prétention de devoir être considérée comme un art plastique (à toute époque), elle doit être en mesure d'en fournir des raisons, ne serait-ce que sur le plan des manifestations d'instauration esthétique. Et, à ce propos, de flagrantes divergences d'intelligence du sujet affirment des incompatibilités de considération entre ce que Wittgenstein pose comme étant le propre de la Photographie (depuis toujours) & ce que l'on annonce comme étant ce à quoi elle doit se résoudre (se résigner) à paraître à l'époque contemporaine.

Contre tout attente, Wittgenstein stipule que la plasticité de la Photographie ne dépend pas d'un décret ou d'une décision nominale (sans autre fondement que des opinions courantes), mais qu'elle demeure inconcevable indépendamment de cette légitime revendication d'appartenance. On aura beau jeu de rétorquer que l'objet d'un tel débat semble faisandé, pour ne pas déclarer : complètement « dépassé ». Objection, avant de poursuivre cette dépiction cafouilleuse. On y reviendra à la fin.

Force est de constater que cette objection se trouve correctement circonstanciée. Alors que les doctrinaires & les facteurs de l'art contemporain revendiquent fièrement leur agnosie en matière d'esthétique photographique, lorsque quelqu'un comme Wittgenstein ne prétend pas détourner leur adoration de leurs brimborions préférés, mais recommande plutôt de les laisser s'abîmer à leurs lubies, il peut sembler afficher un mépris pour ces « hautes œuvres », si dispendieuses pour les deniers de l'Etat & les bourses particulières.

Loin de se compromettre, & d'immiscer la Photographie, par-dessus le marché, à participer à ce genre de préoccupations vulgaires (au sens étymologique du terme, on peut dire négligeables), en postulant qu'il ne voit aucune objection solide à ce que la Photographie puisse être reconnue, sans vétilleuse argutie, en tant qu'art plastique, Wittgenstein ne devient pas l'auteur d'une *autre* considération esthétique de la Photographie, mais le seul héraut perspicace auquel il est plus que recommandé de se fier en toute confiance.

Au lieu de bidouiller son avis sur des reliefs d'anthropomorphisation mal digérés, dès lors qu'ils n'ont pas fait l'objet d'une marinade adéquate, Wittgenstein retourne l'altérité sensible de la Photographie sur ses représentations doxiques : plus elles s'expriment à tort & à travers, plus elles multiplient les probabilités de se méprendre d'objet, de prêter à la Photographie des facultés, des fonctions, des missions, qu'elle est absolument incapable d'assumer.

Ce n'est donc pas Wittgenstein qui pense autrement la Photographie qu'elle devrait être, mais la Photographie qui l'enjoint à montrer qu'elle paraît, qu'elle se manifeste sur un plan sensible *autrement* que sur le plan de ce qui nous arrange d'en convenir. En cette occurrence, Wittgenstein ne se prononce pas personnellement sur ce que la Photographie laisse à penser (suprême marque d'élégante intelligence), ou à dire ; il n'assume qu'un seul rôle : celui d'interprète intègre de ce que la Photographie a à « dire » & à propos de quoi on se refuse de prêter attention.

La bonne excuse, on en convient, est qu'on ne peut pas s'intéresser à ce qu'on ignore. Alors, en ce cas-là, à quoi bon ménager des susceptibilités amplement négligeables ? On le redit : Wittgenstein n'est pas le promoteur d'une « autre » conception (esthétique) de la Photographie, mais l'auteur de ses (rares) investigations esthétiques, son « avocat » incorruptible, digne de foi. Qu'importe que sa « défense & illustration » de l'esthétique photographique ne satisfasse pas les intérêts personnels de ses prétendus héros contemporains ; n'est-il pas fondamental qu'enfin, après tant de tergiversations à dormir debout, on accorde à la Photographie l'opportunité de démentir les affabulations qui l'ont de tout temps mystifiée ?

Sans avoir à séduire, à endormir, à éblouir, l'esthétique photographique que Wittgenstein s'efforce de dégager de ses obscurités séculaires en faisant appel à des modes de raisonnement philosophique & esthétique, dont le moins qu'on en puisse dire est qu'ils s'avèrent inattendus & risquent surtout d'être *inentendus*. En effet, postuler que la Photographie puisse briguer l'opportunité de « dire » autre chose que des broderies compulsives, inspirées par l'accoutumance aux sophismes du mimétisme, de la représentation, de l'empathie, de la dépiction…, suppose, inéluctablement, un changement de considération quant à l'objet d'investigation (voir la fin de cette présentation).

L'argumentation (nominale) décrétant qu'il soit impossible d'envisager, naïvement, de telles investigations esthétiques débordées (résorbées) par le « progrès » de l'art contemporain, dépeint tout bonnement l'impuissance à penser (*asthénéia théôrias*) le devenir sensible de la Photographie, sous l'inconsistant motif que la plupart des remarques sur l'esthétique photographique furent, majoritairement, consignées par Wittgenstein entre les années trente & cinquante du XXe siècle.

D'une manière non systématique, en montrant ostensiblement que la Photographie a quelque chose à « dire » en propre, Wittgenstein tente une entreprise *politique* (on y reviendra à la fin) : plaider la « cause » d'un art plastique demeuré, depuis approximativement 1839 (rapport d'Arago à la Chambre des Députés, 3 juillet, à l'Académie des Sciences, 19 août), la proie de prises de position émanant de tous bords. Celles-ci lui intiment, grâce à des procédés rhétoriques triviaux, l'obligation de se taire : d'observer le silence quant aux intérêts *personnels* de ses (autoproclamés) porte-parole.

À de rares exceptions près (R. de la Sizeranne, L. Moholy-Nagy, A. Renger-Patzsch, D. Michals…), la Photographie n'a jamais fait l'objet d'investigations esthétiques. D'après le sens commun, on devrait être autopersuadé qu'elle n'eût jamais rien à « dire ». Pourvu que des lieux communs lui prescrivent son arraisonnement idéologico-culturel, il fallait, à l'instar de Sade, qu'elle demeurât enfermée dans une aphasie quasi irrémédiable. Ce procédé de censure dénote un eugénisme au sujet duquel on préfère ne rien dire.

Pour essayer de faire avancer les choses, la contribution philosophique de Wittgenstein commence par préconiser des précautions élémentaires. La Photographie ne tirera jamais rien d'une polémique oiseuse avec ses propos doxiques. Ceux désireux de s'en instruire n'auront qu'à compulser ces monuments inutiles, intitulés « histoire de la Photographie » ; à satiété, *ad nauseum*, ils seront sûrs de se gaver de discussions piteuses dont la Photographie a toujours été le prétexte, sans jamais parvenir à en être *l'objet. De gustibus*...

Pour le dire sans ambages, la stratégie heuristique embrassée par l'esthétique photographique de Wittgenstein revient, littéralement, à hausser le ton du débat, à concentrer toute l'attention & à focaliser l'observation sur ce que la Photographie serait susceptible de « dire », à condition de se prédisposer à pouvoir l'entendre. En mettant à profit l'élision de vétilles doxographiques en la matière, le changement de considération suggéré en faveur d'une investigation esthétique de la Photographie doit nécessairement se fournir de dispositions concrètes & sensibles devant préparer la réception intelligente de ce que les images photographiques n'ont jamais cessé de « dire ».

Il n'y a dès lors aucun motif de surprise en découvrant que Wittgenstein s'en remet aux démarches processuelles d'expérimentation artistique. Même si les fervents défenseurs de l'art contemporain (serait-il menacé autrement que par lui-même : *pharmakon* ambivalent) se gardent bien de s'engager en de tels sables mouvants, tant ils entendent tout ce qu'ils doivent y perdre en matière de biens symboliques & d'autorité institutionnelle, de notoriété personnelle, en somme, il n'en demeure pas moins indiscutable que seules des démarches processuelles d'expérimentation artistique peuvent acheminer, *in modus rectus*, à ce que la Photographie a à « dire ».

Considérant un édifice architectural, un poème, une pièce musicale, un tableau…, une image photographique, on risque de passer à côté de *l'essentiel* si l'expérimentation artistique qu'on s'en procure ne se manifeste pas par une quelconque modalité d'étonnement. Or il s'agit là d'un trait bien connu de la tradition philosophique occidentale, que résume un aphorisme de Wittgenstein : « S'étonner, c'est penser » (*Staunen ist Denken*), comme pendant à une interrogation envisagée en amont : « Qu'y a-t-il sous mon regard ? » (*Was liegt an meinem Sehen ?*, 15 mai 1915). D'où l'obligation immuable de concevoir les démarches processuelles d'expérimentation artistique comme condition sine qua non des investigations esthétiques auxquelles la Photographie doit se prêter, même si cette disposition paraît étrange à notre époque (contemporanéité).

À l'aide de telles dispositions préalables, un tri impitoyable s'opère de lui-même. Si une quelconque proposition « artistique » défaille dans son assomption sensible, sous forme de manifestation d'instauration esthétique (étonnement occasionné par des conditions de visibilité impré*visibles*), aucun souci à se faire : soit il y a méprise d'objet, soit il y a contrefaçon ou industrie de bas étage. On voit donc qu'on n'est pas au bout de nos peines. Tant il est vrai que majoritairement, non seulement leur issue demeure de facto imprévisible, mais surtout la plupart des démarches processuelles d'expérimentation artistique présentent des difficultés de mise en œuvre qu'on ne peut pas négliger.

Par-dessus le marché, quand le dessein des investigations esthétiques, plus particulièrement avec la

Photographie, repose sur une description méticuleuse des moindres stases par lesquelles s'acheminent les démarches processuelles d'expérimentation artistique, on comprend mieux la motivation fictionnelle ayant décrété nulle & non avenue l'esthétique à l'époque de l'art contemporain. Une hérésie ? A ce compte-là (économie de pensée aussi draconienne que spectaculaire en matière de consternation), on n'a aucun intérêt à se pencher sur la question de savoir si une image photographique peut parvenir à « exprimer » (montrer) ce qu'elle a à « dire » & qui ne regarde, qui le dénierait, qu'*elle* & l'*art* qui l'a produite.

Par parenthèse, on peut avouer : une telle exigence rigoureuse semble d'emblée totalement étrangère à ce qu'on est accoutumé d'attendre & de concevoir de la Photographie. Aurait-on été la dupe de quelque chose ou de quelqu'un ? En cette occurrence de stupéfaction, le plus sage ne serait-il pas de se tourner vers Montaigne, quand il avertit que l'accoutumance hébète les sens (critiques) ?

À cet égard, Wittgenstein infléchit son investigation esthétique en concentrant toute son attention sur l'observation des divers aspects sensibles, susceptibles de mettre en « crise », non pas la Photographie (en tant qu'art plastique), mais uniquement des configurations imaginaires, des façons d'en parler (représentations d'usage du langage solipsistes) qui, certes, comblent d'aise, facilitent la vie, complaisent, rassurent (les opinions triviales), mais surtout *interdisent* de pouvoir se mettre à l'écoute de ce que les images photographique ont à « dire » - & contredit l'autorité des fables reconnues d'utilité publique -, pour la simple raison que se représenter, imaginer, croire, parler, ne sont pas spécialement inscriptibles au programme sensible des démarches processuelles d'expérimentation artistique.

Tant & si bien qu'en observant patiemment comment les images photographiques réagissent à leurs investigations esthétiques, Wittgenstein semble accomplir un de ses desseins philosophiques les plus ambitieux & les plus risqués : échafauder des conditions de possibilité pour aller au-devant de la Photographie afin de mieux être apte à entendre ce qu'elle a à « dire ». A la faveur d'un tel changement de considération, il faut s'attendre à ce que ce genre d'adresse à l'égard de la Photographie l'incline à s'ouvrir d'elle-même sur elle-même, qu'elle dévoile des champs de sensibilités photographiques demeurés indécelables (insoupçonnables, méconnus), incompréhensibles, tant que ne sont pas engagées des démarches processuelles d'expérimentation artistique livrant accès à *ce* que, en cette circonstance très pointue, il y a à « dire » & *comment* cela peut se « dire ».

De ce point de vue-là on doit admettre que la découverte la plus inattendue de l'esthétique photographique, initiée par Wittgenstein, est de rendre intelligible que, jusque-là, la Photographie, d'un point de vue esthétique & artistique (plastique), soit demeurée une *terra incognita*, à l'insu de ses plus hardis explorateurs.

Plutôt que de protester sentimentalement contre cet affligeant cas de méprise d'objet, sans doute serait-il plus judicieux d'en savoir infiniment gré Ludwig Wittgenstein d'une telle découverte, d'avoir eu l'heureuse initiative d'arracher la Photographie des séjours ténébreux de sa doxographie, en mettant amplement à contribution ses propres lumières sensibles. En matière d'éclair d'intelligence humaine, on confine, sans emphase, au « *fiat lux* » sublime célébré par le pseudo-Longin, Boileau, Burke & Cie -& qui ne se repaît pas de propositions nominales.

« Odyssée » sans précédent, peut-être sans avenir au vu du train où vont les choses & les « affaires » de l'art contemporain, il serait humainement inconcevable que la Photographie vît son opportunité d'advenir, en tant qu'art plastique, censurée, ne serait-ce qu'en raison d'intérêts privés ne la concernant en aucune façon.

Or, à tout bien considérer, si le devenir de la Photographie devait *a contrario*, être assujetti à son avènement sensible, il y a gros à parier que la farce du « théâtre » de l'art contemporain changerait radicalement de configuration. En butte aux difficultés nombreuses, inhérentes aux plus impérieuses obligations de la création artistique, de profonds bouleversements de sensibilité & d'intelligence ne devraient pas laisser de se produire.

À défaut de disposer d'une boule de cristal extralucide, il s'avère plus prudent de resserrer de telles éventualités en les conformant à leurs possibilités concrètes d'advenir. Le premier registre d'obstacles inévitables incombe aux résistances farouches émanant des préjugés, dont la virulence paraît inépuisable : représentation imaginaire, être de raison, appropriation symbolique, empathie, verbalisation, doctrine d'iconicité, solipsisme, représentation d'usage du langage…

Généralement, l'erreur, quoique humaine, s'admet de mauvais gré (quand la mauvaise foi ne s'en mêle pas). Que la Photographie puisse être admise au rang des arts plastiques, tant qu'il s'agit d'un vœu pieux nominal, ne prête guère à conséquence. Par contre, si d'aventure on se trouve sommé d'en fournir les raisons, si celles-ci ne se trouvent pas étayées par la résultante de démarches processuelles d'expérimentation artistique, force est d'admettre qu'une légère modification d'inflexion du préjugé n'affecte en rien la robustesse de son efficience rhétorique. Le moyen de sortir de l'impasse ?

Qu'on n'aille pas se figurer que Wittgenstein livre, « clé en main », une esthétique photographique, prête à l'emploi. En soi suffisamment remarquable, son initiative consiste à conduire quiconque le suit à pied d'œuvre des images photographiques & à suggérer une ou plusieurs voies d'approche sensible. A partir de là, tout le monde peut lui emboîter le pas, « poursuivre par lui-même » l'investigation esthétique. Sitôt qu'une image photographique *semblant* un engrenage ne peut ni ne doit accomplir une fonction mécanique, qu'en résulte-t-il pour la poursuite de l'investigation esthétique de cette image photographique ?

Afin de pouvoir « continuer » cette exploration sensible, force est d'admettre qu'on ne peut plus se fier aux certitudes acquises. On commence par entrevoir que l'image photographique a son mot à « dire » au sein des débats au milieu desquels elle devait se cantonner à remplir une fonction documentaire, illustrative, argumentative, décorative, & qu'en définitive ce qu'on s'autorisait à en *dire* empêchait de rendre sensible & intelligible ce qu'elle ne laissait quand même pas de « dire », malgré & en dépit de tout.

Dans l'éventualité contraire, emphatiquement envisagée, il n'y aurait aucun motif de s'étonner qu'une photo « de » kangourou puisse *sauter* (toute seule). Or, comme de toute évidence une photo « de » (n'importe quoi) demeure, *ad vitam aeternam*, immobile (heureusement pour tout le monde, sinon la vie deviendrait un cauchemar), qu'on ait affaire à un kangourou ou à une puce, doivent sûrement exister des raisons pour que cette immuabilité s'explique en plaçant la considération de l'image photographique sous les auspices d'une possibilité éventuelle de modification aspectuelle.

Ce qu'on essaie de débrouiller en ce moment touche une conception essentielle de l'esthétique photographique à laquelle Wittgenstein se livre avec un art consommé. Sans référer à l'esthétique de Diderot, en récusant le sens d'une représentation d'usage du langage, comme celle qui annonce qu'on peut *voir* une photo « de » kangourou ou de n'importe quoi, l'accent se place sur le fait que tout ce que l'on peut considérer d'une image photographique n'a aucun pouvoir d'excéder son propre espace plastique pour intercéder en faveur de quelque chose pouvant se rencontrer dans un espace physique.

Avec ces considérations, on entend bien qu'une image photographique ne saurait être en priorité & restrictivement qu'*autoréférentielle*. En ce cas, toute l'attention sensible doit se focaliser sur des manifestations sensibles immanentes, telles qu'elles se présentent dans le cas où l'on peut voir (regarder) une image photographique tantôt comme ceci, tantôt comme cela, selon une « loi » phénoménologique dénommée, globalement, possibilité d'un « changement d'aspect ».

On le verra plus loin, cette faculté de pouvoir changer d'aspect constitue la preuve la plus acceptable autorisant à ranger la Photographie dans le domaine des arts *plastiques* devant embrasser le dessein d'une poétique de la dissemblance. La problématique est loin d'être neuve puisqu'on la trouve mise en œuvre tant par les anamorphoses que par les images devinettes (*droddle*, *Vexierbild*). Par contre, la grande innovation esthétique est de reconnaître, & de montrer, que la Photographie observe scrupuleusement cette règle.

On comprend désormais un peu mieux pourquoi Wittgenstein s'attache à montrer que, comme tout autre image plastique, une image photographique est tout à fait capable de montrer comment elle procède à des changements d'aspect. Si l'on ne peut contester le fait que l'expression courante : « une photo *de* coq » se trouve dans l'incapacité rédhibitoire d'annoncer matériellement le lever du jour, c'est que cette formulation (représentation d'usage du langage) sonne mal.

Même si l'on nourrit des doutes à ce sujet, en tout état de cause, on le sous-entendait ci-dessus, on ne peut voir, ni concevoir, ni prétendre, le coq *compris* dans une photo bornée à en *sembler* l'apparence (fort partiellement). Nouvel assaut contre les préjugés & les certitudes d'antan (d'un même ordre de considération où l'on trouverait du sens à parler d'une photo « de » Vercingétorix…). Toujours est-il que la Photographie n'a pas attendu l'autorisation de personne pour « dire » quoi que ce soit. De quoi s'agit-il ?

Dès qu'on examine une image photographique quelconque, en règle générale on a tendance à mettre entre parenthèses l'obligation, propre à toute image plastique, de devoir résulter d'une constitution poïétique. D'ordinaire, on ne tient aucune rigueur de cette nécessité *artistique* irréfragable. Pour pallier à moindre frais ce déficit d'intelligence, on recourt à l'invention d'un mythe dissimulateur, répondant au titre pompeux de « transparence du medium ». Ainsi élimine-t-on (illusoirement) la question des changements d'aspect ; c'est du moins ce que cette croyance superstitieuse entend bien réaliser.

Difficile de récuser la puissance d'attraction fictionnelle des fables quand on la voit l'emporter sur la moindre tentative d'esprit (auto)critique. A telle enseigne que, embrigadée fermement par l'art contemporain, on a la prétention de se figurer la Photographie distinguée par son zèle à parachever l'utopie (nominale) d'un « art sans qualités » (J.-P. Cometti) : une Photographie adulée pour son éclatante (& ostentatoire) démonstration d'arraisonnement (insu, délibéré, indifférent) au mythe d'une transparence du medium. La figuration doit suppléer les difficultés (poïétiques) de la mise en œuvre d'une figurabilité (plastique). Voire !?

Or, quelles que se déclinent ces pieuses & dévotes imprécations, contre toute attente la Photographie ne se laisse pas abuser par des manigances mystico magiques. Plus on fait fi de prendre en considération esthétique la constitution poïétique des images photographiques, plus on aide la Photographie à conforter l'autorité de ses prérogatives plastiques.

Plus on fait cas de la constitution poïétique des images photographiques (c'est-à-dire que la figurabilité qu'elles manifestent *semblent* devient la condition de possibilité d'entrevoir l'expérimentation sensible des changements d'aspect), plus la Photographie en profite pour raffermir sa prééminence plastique. Autrement dit, plus on s'évertue vainement à faire « vœu de chasteté » sensible, plus on encourage la (« libertine ») Photographie à s'affirmer comme seul *auteur* des images qu'elle crée.

En conséquence, moins on prête attention à la constitution poïétique de ses images, plus la Photographie peut « dire » ce qu'elle seule est apte & habilitée à *faire*. Toutefois, ce clin d'œil torve du côté du libéralisme économique, prôné par Adam Smith, par ailleurs esthéticien pionnier d'une poétique de la dissemblance propre aux arts plastiques, le fameux « laissez faire », n'en récuse aucunement les facultés plastiques de la Photographie.

C'est ainsi que la dévotion aveugle en faveur du mythe d'une transparence du medium encourage les superstitions les plus extravagantes, comme celles qui font accroire que la Photographie actualise des attentes fonctionnelles comme : prélever des traces, se soumettre au hasard objectif, relever des empreintes, recueillir des indices, ressembler, tenir lieu de n'importe quoi…

La méconnaissance que la Photographie ne peut accomplir d'autre assomption sensible (figurativité poïétiquement maîtrisée & délibérée) que *sembler* donne libre cours aux fantasmagories les plus invraisemblables les unes que les autres. Sans compter sur le fait qu'elles n'observent nul rapport que ce soit (ni sensible ni logique) avec leur objet de prédilection, mais qui en disent long sur les présomptions, les turpitudes, les convoitises, des propos doxiques de leurs porte-parole solipsistes.

Le simple fait d'ignorer ou de refouler superstitieusement une obligation (plastique), que la Photographie ne choisit pas d'elle-même son mode d'assomption sensible (*semblance*), récuse le sens & la recevabilité de toute tentative autoritaire (ou doctrinaire) visant au monopole (orthodoxe) de ce que la Photographie aurait à « dire ».

Toute argumentation rapportée à la Photographie négligeant cette « contrainte » poïétique & esthétique (figurativité plastique contextualisée dans le dessein d'une poétique de la dissemblance), l'obligeant à ne pouvoir se montrer que sous les traits sensibles d'une modalité de semblance, se condamne d'elle-même au renoncement des prétentions en matière de contribution heuristique & de prestation herméneutique : ça parle de tout, sauf de le Photographie !

Il convient d'insister sur le caractère pour le moins bizarre de la plupart des considérations « théoriques » (& pratiques) dédiées, à première vue, à la Photographie, comme aux difficultés soulevées par l'édification d'une considération esthétique tenant rigueur de son appartenance au domaine des arts plastiques. Se trouve mise en question la dénégation patente d'une compétence sensible, apanage exclusif de la Photographie, à savoir : sa faculté de sembler. Par quoi se caractérisent les enjeux d'une telle dénégation, apparemment incompréhensible ?

Pour conforter cette *vision* schématique de l'esthétique photographique, il suffit de croire & de faire accroire qu'on ne tient aucun compte du fait que la Photographie soit dans l'incapacité d'éluder son recours aux procédures plastiques de constitution poïétique. A partir de ce décret (doctrinaire) apodictique, il devient impossible de concevoir que la Photographie puisse être redevable de manifestations d'instauration esthétique, estimables en termes de bouleversements de conditions de visibilité & de changement d'aspect. Qu'en matière d'appartenance légitime au domaine des arts plastiques, la Photographie ne saurait être avancée qu'en interrogeant le sens des opinions courantes annonçant l'inéluctabilité de sa déception à accomplir ce dessein *artistique*.

Or c'est sur cet angle-là que la résolution de cette « énigme » peut trouver des éventualités de solution. On doit donc commencer par en rabattre des prétentions anthropomorphiques. Quelque part, dans sa *Théorie esthétique*, Adorno formule que l'art n'a pas demandé à être – à être au service de ses usagers, notamment. S'il devait en être autrement, & que la Photographie se bornât à combler d'aise & de satisfaction ceux qui s'en servent en dépit du bon sens, force serait d'admettre qu'on ait affaire à un sous-art débile, dévoué à satisfaire des envies & des turpitudes personnelles.

On l'admet déjà à mots couverts, tout en refoulant le fait que la Photographie, initiée à la *métis* d'Ulysse, ne l'entend pas de cette oreille. A ceux qui n'y prêtent aucun attention, qui n'y entendent néant, la Photographie commence toujours par « dire » : sans ma participation *inconditionnelle*, la question d'un art (plastique, contemporain) n'a aucun sens d'être posée puisqu'elle porterait, certes, sur un mot (« photographie »), mais en aucun cas sur ce qu'un art est censé pouvoir *faire*.

Á partir de telles croyances superstitieuses, prêtant aux mots des facultés créatrices, le discours se substitue aux attentes sensibles liées aux arts (plastiques) & monopolise l'essentiel des performances pragmatiques. Il n'est plus du goût du jour d'insister sur l'obligation de sacrifier aux nécessités plastiques d'une constitution poïétique (abolie par l'adhésion fervente au mythe d'une transparence du medium). D'où l'inadmissibilité de s'attarder un instant sur l'inévitable nécessité, pour la Photographie, de ne pouvoir s'actualiser sur un plan sensible autrement qu'en sacrifiant aux nécessités plastiques par le truchement sensible d'une semblance.

Par conséquent, en suivant une telle voie, acharnée à ôter la moindre considération esthétique (& critique) à la Photographie, on s'autopersuade que les images photographiques ne réfèrent à aucun champ de sensibilités (photographiques), qu'elles ne sont donc pas ordonnées par les prérogatives immanentes d'une poétique de la dissemblance. Alors, l'impasse fût-elle calamiteuse, force est d'admettre que ce genre de (dé)-considération esthétique de la Photographie s'oblige d'elle-même à prôner une agnosie de l'« essence sensible » de la Photographie (la semblance), agnosie ne pouvant répondre (dire) que de l'inconnaissance de ceux qui la nient.

Or, sur ce terrain & en des circonstances approximativement similaires, Wittgenstein recommande la prudence. Il n'appert pas nécessaire de faire l'apologie sensible de la Photographie à l'adresse de ceux qui font profession de refuser d'en entendre quoi que ce soit. À quoi bon disputer vainement avec des zélateurs de ce fanatisme dévot : l'obscurantisme ne doit pas interférer sur l'engagement des investigations esthétiques.

C'est en grande raison de telles dispositions culturelles que l'esthétique photographique esquissée par Wittgenstein ne prétend pas avoir pour vocation d'emporter l'assentiment des foules, de convertir des béotiens en « gens de goût », d'encourager les prosélytismes en misant sur les « lumières » de la vulgarisation. En philosophie, sans arrière-pensée misanthropique, Wittgenstein est pleinement conscient que sa considération esthétique de la Photographie ne saurait retenir l'attention que de ceux consacrant une part non négligeable de leur existence terrestre à l'exploration des démarches processuelles d'expérimentation artistique. Qu'en ce domaine comme en tant d'autres, on remarque beaucoup d'appelés & peu d'élus, cette responsabilité n'incombe ni à la Photographie ni à Wittgenstein.

En cette circonstance, la partie engagée, semble-t-il, reviendrait à considérer la question de la *plasticité*, telle qu'en son temps (vers 1760) Winckelmann a réuni les ruines pour édifier un monument de sensibilité, que l'art contemporain s'évertue de saper à tout prix.

Plasticité, autrement dit : déploiement de l'intelligence humaine à travers des constantes anthropologiques immémoriales. Et dès qu'on prend la mesure des considérations ineptes dont la Photographie, à l'époque contemporaine, prétend tirer ses titres de noblesse, en dépit du bon sens, on ne peut pas être offusqué d'apprendre que la liquidation des dimensions plastiques, spécifiques à la seule Photographie, il fallait s'y attendre, annonce à cor & à cri le règne d'une démission de la pensée.

On s'en souvient, Wittgenstein ne prophétise rien. Il se borne à rappeler un principe « économique », lorsqu'il écrit quelque part : « Autant il t'en a coûté, autant il faudra qu'ils payent ». C'est exactement ce que permet de vérifier le cas de la Photographie – ce n'est pas fortuitement que Wittgenstein s'y est intéressé –, mystifiée & outrageusement diminuée par les acteurs de l'art contemporain.

Alors que Wittgenstein met en jeu des dépenses & des investissements de pensée, l'art contemporain estime la Photographie dans la perspective d'un commerce économique. La question demeurée en suspens est celle chargée d'élucider par quels moyens rétribuer financièrement les engagements d'intelligence, dès lors que ceux faisant flamber les prix sur les échafauds mondialisés du marché de l'art n'ont pas à revendiquer une quelconque compétence *artistique* pour décider du prix des choses sans prix, dans le même ordre d'idée qu'un grossiste en légumes n'a pas besoin de compétences agricoles pour conclure ses affaires.

Si le fond de la question n'est pas de savoir ce qu'on *fait* ou ce qu'on *pense* de la Photographie à l'époque contemporaine, pourquoi alors s'opiniâtrer à vouloir en parler pour n'en rien dire ? Et c'est vraisemblablement là que la contribution de Wittgenstein à l'édification de bases fiables pour une investigation esthétique de la Photographie peut retenir l'attention de tout le monde, en apportant des indications fines, susceptibles de solliciter la participation de l'intelligence de quiconque.

Sans pouvoir éviter de revenir sur ce qui vient d'être dit, dès qu'on retourne à la problématique d'une considération esthétique, conférant à la Photographie sa légitime inscription au champ des arts plastiques, force est d'admettre & de reconnaître que la plus humble démarche processuelle d'expérimentation artistique, tentée à partir d'images photographiques, se conclut inévitablement par une manifestation d'instauration esthétique, dénommée *semblance*.

En effet, on le redit, même dans l'éventualité où l'on adhère au mythe superstitieux d'une transparence du medium, en raison de leur constitution poïétique obvie & inescamotable (fût-elle conçue insciemment), n'importe quelle photo instaure des conditions de visibilité inouïes, instauratrices, ayant pour toile de fond le programme artistique d'une poétique de la dissemblance.

Or, si l'on respecte les prérogatives & les protocoles des investigations esthétiques, il s'avère indiscutable qu'à l'issue d'élémentaires démarches processuelles d'expérimentation artistique, entreprises à partir d'images photographiques, on parvient à entendre qu'elles puissent fournir diverses modalités d'approches sensibles, relevant de l'ordre (phénoménologique) de ce que Wittgenstein pointe en termes de changement d'aspect. Comme si le créateur d'images mettait son intelligence à contribution en sollicitant la participation intelligente d'un spectateur : une sorte de défi réciproque (ou de « duel »).

Propriété plastique éminente, la faculté de sembler comprend cette éventualité esthétique des changements d'aspect. Sitôt qu'on fait retour à l'exemple d'une image *photographique* « d »'un engrenage, l'expérimentation artistique qu'elle procure, universellement, rend manifeste, actualise que son efficience sensible, tout en ne laissant pas de demeurer une, se décline malgré tout sur deux registres de manifestation esthétique générique, n'ayant rien à démêler entre eux.

D'un côté, on a affaire à une manifestation esthétique de l'ordre & de la compétence d'une expressivité plastique, qu'on nommera, par commodité, *référent*. D'un autre côté, on se trouve confronté à un autre ordre de manifestation esthétique autorisant une modalité de suggestion (allusive) en faveur de quelque chose non compris dans les délimitations du champ plastique des images photographiques, qu'on nommera, encore par commodité, *référé*. Une image photographique (référent) « d »'un parapluie (référé) garantit-elle d'une ondée ?

Le dessein d'une esthétique photographique ne saurait se concevoir, d'une part, sans se référer à une histoire des sensibilités photographiques ; d'autre part, au jeu inachevable des manifestations sensibles dues aux changements d'aspect (entre référent & référé), qui, de concert, concourent à servir les constantes anthropologiques des arts plastiques (constitution poïétique, instauration esthétique), dont une poétique de la dissemblance cristallise la totalité des éventualités d'advenir.

Si la Photographie a retenu à maintes reprises l'attention de Wittgenstein, c'est, vraisemblablement, on l'évoquait plus haut, parce qu'il y décelait la présence insistante d'une sorte d'énigme, de défi (comme dans le cas de la résolution d'images devinettes) sur le plan de son inscription légitime dans le champ des arts plastiques.

Lorsqu'au sortir d'une démarche processuelle d'expérimentation artistique tentée à partir d'images photographiques, en cherchant à doter celle-ci d'une description rigoureuse des diverses étapes de sa mise en œuvre, il se serait aperçu que les manifestations d'instauration esthétique, formulables en termes de bouleversement des conditions de visibilité ordinaire, devenaient l'opportunité de conférer du sens aux investigations esthétiques focalisées sur la Photographie, en relançant la pensée sur la question concernant ce que les images photographiques ont à « dire » & sur le *comment*, sur les conditions de possibilité (plastique) d'une telle expressivité immanente.

En considérant l'investigation esthétique de la Photographie à l'aune de celles des autres arts plastiques, se sont trouvées dévoilées un certain nombre de contradictions, d'absurdités, ayant encore à ce jour une robustesse inépuisable dans son opiniâtreté obtuse à vouloir nier l'évidence. Encore que Wittgenstein n'assimile pas le dessein d'une investigation esthétique à celui d'une entreprise démystificatrice de sophismes triviaux, elle la *comprend* à titre de nécessité subsidiaire au sujet de laquelle il n'est pas obligatoire de devoir se prononcer, encore moins de polémiquer.

Or pour assumer l'intégralité d'un tel projet, uniquement ambitieux malgré lui, étant donné qu'il ne se complaît pas au psittacisme des lieux communs, il s'est avéré qu'on devait cesser de se contenter des approches superficielles (dépiction, iconicité, &c.) des images photographiques, ni encore moins se fatiguer dans l'entreprise vaine de passer en revue des clichés (représentation d'usage du langage) doxographiques, par eux-mêmes confortés par leur indiscutabilité.

La « leçon » suggérée par Wittgenstein comporte d'autres exigences. Entre autres celle de montrer, pertinemment, qu'une investigation esthétique, au même titre que l'exercice de la pensée, se solde inéluctablement par une *activité* : une entreprise concrète de compréhension focalisée sur l'écoute de ce que la Photographie a à « dire ».

Si par certains accents, ce genre de considération prêtée à la Photographie, en la mettant à l'épreuve d'investigations esthétiques, paraît apparenté à la méthode d'une dialectique négative, c'est en raison du fonds sensible sur lequel table la Photographie, visant à délivrer ce qu'elle a à « dire » (en le montrant), il ne peut s'édifier & s'entendre qu'en rejetant ce sur quoi elle refuse de concéder une quelconque plausibilité.

Autrement dit, grâce aux démarches processuelles d'expérimentation artistique concentrées sur la faculté de sembler & qui montrent comment s'effectuent des changements d'aspect, soit en faveur du référent, soit en faveur du référé, voire les deux simultanément, on commence à entrevoir que la Photographie détient sûrement une expressivité immanente, régulièrement négligée ou passée sous silence pour la satisfaction personnelle de ceux qui n'en veulent rien entendre.

Tout laisse à penser que l'éventualité d'une telle expressivité immanente, propre aux images photographiques, se trouve comprise dans leur faculté de *sembler*, & que cette manifestation esthétique particulière « dit » explicitement à quel « langage » elle réfère. Si cette supposition s'avère & plausible & vérifiable (par le biais de démarches processuelles d'expérimentation artistique), tout en permettant de confirmer la plasticité de la Photographie grâce à sa capacité à rendre hommage aux constantes anthropologiques de l'art, une telle expressivité immanente doit réfuter catégoriquement la moindre éventualité qu'un tel « langage » puisse être réglé au diapason de la doctrine de l'iconicité. La Photographie a vraisemblablement *autre* chose à « dire » *autrement*.

Toutes les opinions qui, depuis des siècles, roulent sur les programmes utopiques de l'iconicité, de la verbalisation, de l'empathie, de la dépiction, de l'indicialité & autres avatars sémiotiques, non seulement contraignent à parler pour ne rien dire, à perte de vue, mais n'autorisent que la livraison de représentations imaginaires, vaguement barbouillées de mimétisme, de sympathie, d'iconologie, lorsque l'extravagance (ou la niaiserie) n'y éclate pas d'une façon consternante pour dépeindre caricaturalement un pseudo-exercice de pensée à moindre dépense.

Obligatoirement, tel état de fait s'accompagne d'un double préjudice calamiteux : & pour la Photographie, dont on annonce des promesses fictionnelles (représenter, ressembler, imiter, tenir lieu, transparence du medium, *akheïropoïesis*, *creatio ex nihilo*…), & de ce que la Photographie a à « dire » (redire, contredire) de mystifications aussi incompatibles, on ne dit pas avec la pensée : avec ce minimum qu'on devrait exiger d'une activité intellectuelle, qu'on ait affaire à des théoriciens ou des praticiens de l'art.

On ne manquera pas de répliquer qu'on ne peut pas refaire à son gré le cours de l'histoire ; que si celle de la Photographie se distingue par une consternante médiocrité, on ne peut pas, par-dessus le marché, faire porter le chapeau de la responsabilité ni à la Photographie (qui n'a pas réclamé d'elle-même à devenir l'objet de mystifications aussi puériles), ni à de (rares) auteurs, à l'exemple de Wittgenstein, qui se sont évertués à éviter de tomber dans le panneau du conformisme doxographique & des fables d'un négligeable intérêt pour l'avancement des investigations esthétiques dédiées à la Photographie.

Pour éviter de conclure à la hâte (en s'impliquant le moins possible), en arguant d'un coup du sort, décrétant que l'esthétiques photographique paraît après la bataille, contraignant de la remiser dans un cabinet de curiosités exotiques défraîchies, il semble encore plus insuffisant de conclure que Wittgenstein ne pouvait pas prévoir l'**évolution**, le *progrès* irrésistible des arts plastiques à l'âge contemporain, dont ils servent de prétexte à des éjaculations en tout genre…

Au lieu d'un tel étalage de mauvaise foi, pour le bien de l'humanité (encore qu'elle ne semble guère concernée par ladite chose), il serait vraisemblablement plus profitable de repenser à nouveaux frais la *dynamique* propensive, consubstantielle à l'esthétique photographique inaugurée par Wittgenstein.

Alors que la majorité des contempteurs de l'art contemporain se tournent nostalgiquement vers les arts plastiques qu'ils viennent de saborder, sans le moindre état d'âme (Néron), Wittgenstein préconise de remettre de l'ordre dans les affaires de la Photographie, une telle remise en ordre dût-elle s'accompagner inévitablement d'impitoyables inflations (de valeurs symboliques, de représentations d'usage du langage, de superstitions, d'habitudes routinières, de vertus du moindre effort…).

Afin qu'on puisse disposer de l'opportunité de conforter la Photographie dans son rôle de « leader » ou de parangon de l'art contemporain, ne serait-il pas légitime d'exiger de ceux qui en usent à l'envi des raisons valables de tenir leurs prestations culturelles, susceptibles de manifester, universellement & sans conteste possible – c'est la moindre des choses ? (Réclamation de *garanties*, ni plus ni moins.)

Revendiquer ce genre d'exigence ne revient pas à réclamer la lune. Il faut simplement que les « prestations » photographiques d'art contemporain assurent, « sur facture », l'étonnement (esthétique) qu'on en escompte. Grâce au comblement d'une telle attente, on serait assuré d'être confronté à une situation émerveillante, conférant à ces prestations l'expressivité de ce qu'elles ont à « dire » (à commencer par la considération plastique concédée à la Photographie), qui pût, d'une manière ou d'une autre, non peut-être pas commencer par modifier nos façons de penser, à tout le moins en susciter les prémisses les plus rudimentaires ?

À tout bien considérer, si, en cette occurrence, l'art contemporain confirme son impuissance flagrante, encore une fois, ni la Photographie ni Wittgenstein n'en peuvent être tenus pour responsables. En achoppant dans la mise en œuvre d'une expressivité immanente, les usages consensuels de la Photographie, à l'époque contemporaine, se fondent sur l'exaltation de l'insignifiance : la Photographie n'ayant plus aucune opportunité de « dire » quoi que ce soit, sur ce *silence* (esthétique) se bâtit une désesthétisation de la Photographie autorisant d'en *dire* & d'en *faire* n'importe quoi.

Telle qu'on essaie, malgré tout & en dépit de tout, de la présenter gauchement, l'esthétique photographique, en fait, pas plus que l'histoire des sensibilités photographiques, ne peut se concevoir qu'inscrite dans la perspective d'un avenir plus clément pour l'épanouissement de l'intelligence humaine, sitôt qu'on aura compris la nécessité socio-culturelle (i.e. commerciale) de l'art contemporain, comme un laps de temps au cours duquel la pensée (& la Photographie) fut mise en jachère (ou en vacances).

En définitive, contre toute attente Wittgenstein nous convie à préparer les moyens permettant d'émanciper la Photographie de ses multiples contraintes d'arraisonnement institutionnel, économique, idéologique, fantasmagorique, mystique, religieux… C'est en raison d'un tel programme, tourné vers l'avenir (plastique, esthétique) de la Photographie, qu'on spécifiait plus haut que l'esthétique wittgensteinienne de la Photographie s'avérait inséparable de sa dimension *politique*, dans la mesure où elle refuse d'hériter de triviales représentations d'usage du langage, alimentées par le fonds superstitieux mystifiant la Photographie tant par ceux qui en usent que par ceux qui en glosent à tort & à travers.

*Politique*, l'esthétique photographique de Wittgenstein : non seulement dans le sens où elle œuvre à son émancipation culturelle, restaurant la Photographie au rang irrévocable d'art plastique ; mais surtout, semble-t-il, en exigeant de ceux escomptant la servir *artistiquement* qu'ils engagent leur responsabilité « à la face du monde », en ne livrant que des œuvres qui brillent & mettent à contribution des processus de pensée, susceptibles d'expliciter ce que la Photographie a à « dire », & que rien ni personne ne peut manifester (*montrer*) à sa place.

*Politique*, encore, cette esthétique photographique : elle piaffe d'impatience d'advenir sous des cieux plus heureux, où l'art, remis aux soins de l'intelligence d'autrui pour susciter un émerveillement universel, engagera la responsabilité de la pensée commune (mutuellement assumée) & optera en faveur d'un accroissement coopératif & réciproque des procédures exploratoires permettant de mettre au jour des domaines de sensibilités photographiques *imprévisibles*.

*Politique*, enfin : l'engagement de doter l'esthétique photographique d'un droit d'accès, à disposition de quiconque, garantit de mettre à contribution sa propension à penser la Photographie comme somme additionnelle des pensées de tous ceux qui auront les initiatives d'être réceptifs à ce que la Photographie a à « dire ».

Pour essayer de conclure, sans à aucun prix donner dans le travers du messianisme, qui ne sied en aucune circonstance, fût-elle désespérée, ni dans celui de l'industrie des colporteurs d'horoscopes ou des fanatiques de la Française des jeux, voire des « fous » du Stade de France, si l'on a pu stipuler que l'art contemporain n'a requis la Photographie qu'en faisant l'impasse sur la nécessité de devoir la mériter ; même si l'art contemporain ressemble à tout sauf à une bavure historique, mais très ouvertement à un dessein mercantile hautement revendiqué comme tel, l'histoire montre que bien des erreurs de créance finissent toujours par être corrigées ; gardons-nous de douter, comme Nietzsche l'enseignait, que les erreurs d'aujourd'hui ne deviendront pas les vérités de demain.

Si l'art doit se *résigner* à être « absolument » contemporain, ainsi que d'aucuns quelquefois le professent désespérément, c'est sans doute qu'on aura sabordé, non par l'art, mais l'intelligence humaine de laquelle il procure la manifestation la plus sémillante & sûrement la plus exigeante sur tous les plans. Or c'est exactement à ce niveau éminent, sans comparaison, que se situe l'esthétique photographique de Wittgenstein. Le vœu de cette publication ? Lui procurer le plus de publicité possible ; & que, d'un même élan, elle arrache la Photographie de l'obscurité dans laquelle elle croupit depuis pratiquement toujours.

■■■■■■■■■■■■■■■■■■■■■■■■■■■■■■■■■■■■■■■■■■■■■■■■

L'investigation esthétique de la Photographie inaugurée par Wittgenstein soulève des difficultés incomparables quand on prend en considération les « économies » qu'elle dévoile en matière de sujet & d'objet. En effet, si comme il appert régulièrement, la Photographie se présente comme un sujet sans objet, c'est vraisemblablement que l'assumation des responsabilités envers elle se décline sous les espèces d'une conception (solipsiste) nominale. Sitôt qu'on ne détient aucune autre faculté sensible permettant d'entendre ce qu'elle a à « dire », on s'autorise à la dépeindre en fonction de figurations imaginaires facilitant l'inférence de propriétés, stricto sensu, fictionnelles.

Aussi peut-on postuler, tant dans le cas de la tradition doxographique (historique) que dans ses récupérations recyclées à l'époque contemporaine, la Photographie se cantonne à être un sujet d'intérêts vastes & le plus souvent communs, sans parvenir à devenir un « objet » avec lequel un dialogue (sensible) a tout lieu de pouvoir s'engager.

On en veut pour témoignage la vogue de pseudo-catégories artistiques, comme le documentarisme ou la photographie plasticienne. Ce qui doit retenir l'attention n'est pas tant la faveur des praticiens à répondre au slogan de ces pseudo-catégories artistiques, mais le fait que celles-ci ne peuvent s'étayer qu'en prenant appui sur des intentions artistiques, historiquement datées, telles l'iconicité, l'empathie, la verbalisation. Si ces soi-disant « qualités » prétendent se justifier d'un point de vue solipsiste, c'est qu'elles considèrent la Photographie comme un sujet, neutre & muet, sans objet spécifique (transparence du medium vs champ des sensibilités photographiques).

Toutefois, il faut noter - & la reprise triomphale de la Photographie dans l'art contemporain l'approuve sans vergogne -, il faut noter que l'« objectivité » de la Photographie a dû être résorbée par son appropriation subjective (personnalisée) & qu'une telle réification de la Photographie, assouvie à ne pas outrepasser les intérêts de sujets (privés), démontre sans ambiguïté, qu'hier comme aujourd'hui, comme le notait Roland Barthes (en 1978), la Photographie soit demeurée « la grande Inconnue du monde moderne ».

Intrinsèquement, comme le montre l'esthétique photographique de Wittgenstein d'une façon à la fois pertinente & bouleversante pour les habitués de sa doxographique routinière, c'est justement là où la Photographie se décline sous les traits d'une simili-évidence, que son statut d'objet (sensible), quand elle s'efforce d'exprimer ce qu'elle a à « dire », à son insu, dévoile les ravages absurdes de sa désesthétisation : sa réduction à l'état de sujet d'intérêt (personnel).

Néanmoins, l'esthétique photographique wittgensteinienne, en se focalisant sur l'« objectivité » spécifique des champs de sensibilités photographiques, ne fournit aucun élément de réponse permettant d'élucider les raisons au nom desquelles la Photographie serait dans l'obligation de renoncer à son statut d'objet (sensible), d'accepter de cacher ou de taire ce qu'elle a à « dire », afin d'accomplir des desseins d'arraisonnement subjectif, d'anthropomorphisation, d'appropriation symbolique… & autres recettes séculaires assumant l'assomption souveraine du sujet solipsiste, d'un sujet sans objet – à l'exception de lui-même.

Dès qu'on se penche sur les pseudo-histoires de la Photographie, l'exclusivité d'intérêt pour des questions d'ordre iconographique ou technique, sous couvert de rendre compte de la diversité des sujets susceptibles d'être photographiés : de l'infiniment grand à l'infiniment petit, du pérenne à l'éphémère, du réel au fictionnel…, ce n'est pas la Photographie qu'on doit regarder (référent) mais ses reproductions contingentes (référé). Et cette conception abréviative de la Photographie se retrouve telle qu'elle, héritée & honorée par l'art contemporain.

Par contre, selon l'esprit (sujet) prévalant pour la Photographie depuis des temps, pour ainsi dire, immémoriaux, les usages prédominants de la Photographie à l'âge contemporain se sont trouvés modifiés d'une façon *spectaculaire*. Il serait vain de prêter à la Photographie une quelconque implication (objet sensible) dans une prestation d'art contemporain. Sa discrétion absolue (transparence du medium) est devenue le « sésame ouvre-toi » des installations & des performances d'aujourd'hui, qui se gardent bien de mettre quoi que ce soit en œuvre ou à contribution pour permettre à la Photographie d'exprimer ce qu'elle a à « dire ».

Ce changement de paradigme : primauté du sujet, négation de l'objet, suppose une modification des conditions de réception. Alors qu'on reprochait à la Photographie d'imiter la peinture, de singer les arts plastiques en les menant inéluctablement à la déconfiture, d'une certaine manière, un des rôles primordiaux des recours (techniques) à la Photographie dans l'art contemporain consiste à contribuer au campement d'un décorum illusionniste, plus proche de la pompe solennelle du théâtre à machines, que d'une proposition d'objet pouvant se soutenir (de) lui-même.

Dans la majorité des cas de figure, l'art contemporain recourt à la Photographie en tenant rigueur des capacités techniques du dispositif traditionnel (en majeure partie numérisé,[1] donc transfiguré de fond en comble), en conjuguant illusionnisme *théâtral*, caractère décoratif des grandes machines du pompiérisme (& du réalisme, du classicisme conjointement), spéculation sur l'émotivité, la sentimentalité (individualisée) empathique d'un spectateur subjugué par le luxe d'une telle pompe.

Tant & si bien qu'on pourrait avancer que la sollicitation de la Photographie par l'art contemporain pourrait se traduire par une prétention à exalter la négation d'un objet sans raison d'être (ni sensible ni artistique), négation d'un objet donnée en spectacle, créant une illusion de participation du côté de sujets (qui peuvent être absents ou négligés), à qui l'on impose un cérémonial au cours duquel sont exhibés les fétiches sacrés (iconicité, empathie, verbalisation), rituel au nom duquel l'éblouissement illusionniste devient au qu'en dira-t-on ce que l'émerveillement peut être à la pensée.

Il ne fait aucun doute que la Photographie, telle que la requiert l'art contemporain, constitue le fantôme de l'objet dont Wittgenstein entreprit des investigations esthétiques. Que, par conséquent, cette tentative de considérer d'objet

---

1

La « photo » numérique n'a jamais été, ne sera jamais, un **art plastique**.

sensible (ce qu'elle a à « dire ») de la Photographie ne peut rencontrer de point commun avec ce que la Photographie est advenue pour soutenir la cause (& les effets) de l'art contemporain.

L'esthétique photographique initiée par Wittgenstein a pour conséquence de prêter une considération à un objet à propos duquel on ignore encore quasiment tout. Encore que cette considération regarde ce qu'on nomme aujourd'hui Photographie « argentique », il n'en demeure pas moins vrai qu'un tel objet ne saurait être prétendu dépassé, obsolète. Par contre, ces qualifications dévalorisantes s'appliquent droitement aux sophismes, aux représentations d'usage du langage, aux truismes requis pour dépeindre trivialement, figurément un objet au sujet duquel l'inconnaissance a pu laisser libre cours aux élucubrations les plus inconcevables.

Maintenant, par un juste retour des choses, si d'aucuns estiment la Photographie « de » Wittgenstein comme un objet impossible, une chose inepte, une dépouille chimérique, sans doute cette bévue regrettable pourrait être due à un refus catégorique d'observer la moindre distanciation critique. En cette occurrence, l'opprobre ne peut tomber sur un objet dont on nie l'altérité sensible, mais sur le sujet qui prend ses désirs pour des réalités.

Que la Photographie, telle que Wittgenstein l'aborde par le biais de ses investigations esthétiques, bien malgré elle, démystifie les travestissements fictionnels dont elle n'a cessé de faire l'objet, c'est alors qu'en dépassant la médiocrité de sa désesthétisation coutumière, elle se révèle, enfin ! en tant qu'objet d'intérêts autant insoupçonnés qu'imprévisibles. Aussi, au lieu d'en déplorer l'assomption intempestive, on devrait au contraire savoir gré à Ludwig Wittgenstein d'avoir *inventé* la Photographie, d'en avoir indiqué les premiers ressorts sensibles.

Malgré tout, l'avènement de la Photographie (en tant qu'art plastique) risque d'être mal reçu, tant il est vrai que l'objet (sensible) de la Photographie montre autre chose que ce qu'on était accoutumé d'en attendre. A commencer par son arraisonnement institutionnel qui, pour être puissant, est loin de détenir la toute-puissance. L'*invention* de la Photographie porte autant de préjudices d'amour-propre que la découverte d'une nouvelle galaxie qui, elle, ne suscite jamais aucune forme de protestation.

Des situations historiques laissent présager de violentes contestations contre cette invention de la Photographie. Dès que les photographes se sont penchés sur l'objet de la Photographie, sur ce qu'elle aurait à « dire », en l'occurrence les pictorialistes, au cours de la dernière décennie du XIXe siècle, cette initiative (« malheureuse », inepte) fut interprétée comme une déclaration d'hostilité ; & tout le gratin intégriste, zélés dévots du mythe de la transparence du medium, du hasard objectif & autres ritournelles d'un même tonneau, se sont ligués contre l' « infâme » (on a parlé, dès cette époque, d' »hérésie », plus tard de « repoussoir absolu »…).

Tout cela pour dire qu'il y a tout lieu de craindre que l'invention de la Photographie, telle que Wittgenstein préconise de la considérer, se solde par un décret de censure. Et c'est déjà ce que cet essai, fût-il le plus médiocre qu'on puisse concevoir, a dû éprouver à plusieurs reprises. Cela ne revient pas à considérer la Photographie, Wittgenstein, l'auteur, comme des objets à maudire. Ce sont bien plutôt les refus de penser quoi que ce soit *autrement* qui s'avèrent plus qu'inadmissibles.

On sait bien que l'histoire ne se répète pas. Par contre, compte tenu de l'idéologie solipsiste prévalente, on voit mal comment cette autre considération (esthétique) de la Photographie pourrait recevoir un accueil bienveillant. Ce dessein d'ouverture sur une Photographie en tant qu'art plastique devrait choquer l'autorité des certitudes (à moindre frais, elles sont légion). Il s'agit donc, on l'indiquait plus haut, d'une question politique, qui décidera de l'avenir de l'esthétique photographique, & non ni la « vérité » d'une argumentation ni l'engagement dérisoire d'un auteur inconnu.

Paris, été 2007.

Outre Jean-Pierre Cometti qui m'encouragea quelque temps à poursuivre ce travail, je tiens à remercier Jean Vignes, mon « vieil ami », dont les suggestions judicieuses me furent d'un précieux secours. Ma gratitude s'adresse à Jacques Derrida, en reconnaissance de la confiance qu'il a bien voulu m'accorder. Je profite de l'occasion pour me tourner vers mes maîtres en esthétique & sciences de l'art : Bernard Teyssèdre, Olivier Revault d'Allonnes, François Molnar, Marc Jimenez.

Je dédie, s'il voit un jour le jour, cet essai à ma fille, Constance, sans négliger ceux qui sont disparus : mes parents, Roland Barthes, Rainer Rochlitz, un des esthéticiens les plus profonds de notre époque, à l'instar de Bernard Lamblin, de Robert Klein, de Daniel Arasse & d'Hubert Damisch. Enfin, un franc salut à celui qui fut quelque temps mon voisin : Georges Didi-Huberman, dont j'admire les travaux.

# CHAPITRE I
## Notes & anecdotes : aperçus de la Photographie

### I. 1. – Généalogie d'une « passion »

D'aucuns estimeront, peut-être avec raison, que l'intérêt de Wittgenstein pour la Photographie ne coïncide pas exactement avec ce qu'on entend ordinairement par passion. Cette réserve légitime ne sera pas écartée. Cependant, on s'efforcera de mettre en relief la place non négligeable de la Photographie dans l'existence du philosophe comme dans son œuvre philosophique.

Environ cent cinquante occurrences mentionnant explicitement la Photographie se trouvent disséminées parmi vingt-quatre volumes d'ouvrages, pour la plupart, posthumes. À peu de choses près – excepté pour le *Tractatus*, les *Carnets 1914-1916*, les *Notes sur l'expérience privée et les sense data* -, Wittgenstein interroge partout la Photographie. Seulement, ce petit « trésor » risquerait de se dévaloriser s'il ne se trouvait pas rehaussé par un nombre incalculable d'endroits abordant des questions plus générales, moins ciblées sur cet objet, traitant des expériences liées aux images plastiques.

Aussi, à condition d'observer prudence & rigueur, & d'écarter tout risque de lecture erronée, on peut faire observer qu'entre 1929 & 1951, l'intérêt pour les interrogations posées par les images plastiques n'a jamais failli sur aucun plan. On ne reprendra pas, ici, les problèmes biographiques de l'auteur : d'excellentes études critiques sont accessibles au lecteur (Brian McGuinness, Christiane Chauviré, Ray Monk, Georg H. von Wright, David Pears, Norman Malcolm...), ni les problèmes de lectures critiques de Wittgenstein dont le corpus, ne serait-ce qu'en langue française, a de quoi impressionner tant par son volume que par sa qualité éminente, à quelques exceptions près.

Comme limites à cet essai, on se fixe l'objectif d'une présentation d'arguments convaincants, en faveur d'une Photographie qui, bien qu'intégrée sans réserves au domaine des arts plastiques (au même titre que la gravure ou le dessin), présente des particularités sensibles rarement mentionnées ou insuffisamment, par défaut de pertinence critique.

À l'époque où Wittgenstein se penche sur la Photographie de façon approfondie, une quinzaine d'années se sont écoulées, dont un tiers marquées profondément par le traumatisme dû à la Grande Guerre, suivi d'un parcours aventureux, à partir de 1921, date de publication du *Tractatus logico-philosophicus*, jusqu'au départ de Vienne pour Cambridge (en 1929). Entre temps, il aura, entre autres, construit la maison de sa sœur (cf. Jean-Pierre Cometti), ce qui constitue un trait non négligeable permettant d'éclairer la complexité de sa sensibilisation aux arts plastiques.

Toutefois, on peut estimer que son intérêt pour les arts plastiques remonte bien au-delà de 1929, comme certains documents permettent de l'établir. En 1964, Max Black signale que les éditeurs des *Carnets 1914-1916* ont omis une phrase, à la date du 15 mai 1915. Or cette phrase va devenir un thème constant de l'esthétique wittgensteinienne, étant donné qu'on la rencontre partout à l'œuvre, jusque dans les *Recherches philosophiques* & les *Remarques sur les couleurs* (1951). La voici : « *Was liegt an meinem Sehen ?* » (« Qu'y a-t-il sous mon regard ? » (CA, 100).

On ne prendrait pas de gros risques en considérant que son applicabilité puisse convenir à une image photographique. En effet, Moritz Nähr joint aux qualités de photographe de la famille celle d'être l'ami de Ludwig Wittgenstein. Au sortir de la guerre, après sa captivité en Italie, Wittgenstein abandonne la philosophie pour se consacrer, entre autre, au métier d'instituteur, en Basse-Autriche. Or c'est là, en 1920, à Trattenbach, où il exerce son nouveau métier, que M. Nähr lui rend visite, accompagné d'un groupe d'amis. Leurs discussions roulèrent-elles sur la Photographie ? On ne le saura jamais, & ceci n'est ni grave ni significatif pour le déroulement correct de l'essai.

En revanche, deux sources confirment d'un côté son attrait pour les arts plastiques, de l'autre pour la Photographie en particulier. Chronologiquement, elles sont trop proches pour paraître peu fondées. Toutefois, avant de se pencher sur ces documents & en vue de leur conférer le relief qui leur sied, on doit procéder à un grand bond rétrospectif.

Grâce à celui-ci, on se retrouve au 9 novembre 1914, date à laquelle se trouve signalé un intérêt pour les images devinettes (*Vixierbild*, *droddle*, CA, 67). Rien d'étonnant à ce que le paragraphe 5.5423 du *Tractatus* confirme l'attrait et l'intérêt pour ce genre de dessin, dont la figurativité (*Bildhaftigkeit*) permet une mise en œuvre d'un changement d'aspect (TN, 90). Tant il est vrai que de telles images peuvent être regardées, alternativement, tantôt comme ceci, tantôt comme cela (cf. la vignette du « canard-lapin » de Jastrow, ou encore l'image à figure cachée – céramique du château de Cardiff, semble-t-il, où l'on démêle, parmi des branches & des rameaux, plastiquement figurés, une apparence humaine *menschliche Gestalt*| EP, 156 ; cf. ch.V.).

Or l'expérience du « voir comme » semble motiver l'attrait de Wittgenstein pour les images plastiques, et en particulier pour les images *photographiques*. Ce qui sous-entend, sans ambiguïté aucune, que, pour lui, les expérimentations artistiques jouent un rôle capital dans la saisie & la compréhension de ce que les images (plastiques ; photographiques) montrent (*dargestellt*, *Bildhaftigkeit*) & qui se caractérise par cette possibilité, toujours disponible, de pouvoir être regardées, tantôt pour ce qu'elles présentent (une manifestation d'instauration esthétique), tantôt pour ce qu'elles « figurent » (autre chose qu'elles-mêmes & qui ne leur ressemble pas : un référé, avec toutes les réserves indiquées par les guillemets entourant le verbe figurer, pour une approche plus détaillée des images devinettes, cf. ch.V).

Cette possibilité de changement d'aspect, on va le voir, peut, sans risque de mécompréhension, s'étendre au cas des images photographiques. Stipuler que celles-ci semblent, sous les traits d'une manifestation esthétique d'apparance, Wittgenstein peut le faire, dès lors que sous son regard une image photographique présente de façon incontestable sa faculté de pouvoir être regardée parfois comme ceci (référent : actualisation de conditions de visibilité singulières), parfois comme cela (référé : semblance d'un accomplissement figuratif).

Cette possibilité d'un changement d'aspect (*Aspektwechsel*) résulte de la constitution (*Beschaffenheit*) poïétique de telles images, que cette constitution résulte d'un champ de force sensible, intentionnellement pré*vu*, ou qu'elle se réalise, pour ainsi dire, « naturellement ». Seule la Photographie peut prédisposer ainsi ses images, de telle manière qu'à l'occasion d'une expérimentation artistique puisse se produire un événement (avènement) sensible, pour le moins étonnant aux yeux de ceux qui n'y sont pas préparés. Mais il est temps de mettre un terme à cette digression afin de revenir à d'autres événements, à la faveur desquels s'esquisse, à grands traits, l'intérêt de Wittgenstein pour la Photographie.

Grâce à une lettre, datée du 18 février 1929, adressée à M. Schlick, on peut lire : « J'ai décidé de rester ici, à Cambridge, pendant quelques trimestres et de travailler sur l'espace visuel et autres sujets » (WCV, VIII). A son arrivée en Angleterre, Wittgenstein séjourne environ deux semaines chez les Ramsey. Il connaît Franck, celui qui entreprit la traduction anglaise du *Tractatus*, au début de 1920, traduction achevée par Ogden. Par contre, il découvre Lettice Ramsey, dont il fait l'éloge (CCS, 43).

Or il se trouve que cette jeune femme (elle a la trentaine à l'époque), au-dehors de son affabilité, pratique la Photographie (elle devint directrice des « Cambridge Photographers », en 1932 ; CCS, 161).

Même si l'on ignore quelle fut la teneur de cette initiation à la Photographie, le fait que Wittgenstein s'y soit bel & bien intéressé à partir de cette période de sa carrière n'a pas lieu de devoir être contesté. On ne trouve aucune collusion hasardeuse entre Wittgenstein & la Photographie, quand bien même quelques zones d'ombre perdurent entre eux.

## I. 2. – Esquisse d'une nouvelle considération

D'emblée & d'une façon générale, à partir de 1930, Wittgenstein conçoit la Photographie inscrite au champ des arts plastiques, au même titre que la peinture, le dessin… (DIC I, 256). Comment, globalement, la considère-t-il ? Sans mentionner effectivement la notion de semblance, il pose néanmoins le cas d'une manifestation *allusive* renvoyant à quelque chose (référé) d'autre qu'une image plastique (référent) (RPP I, 209, 211).

La Photographie produit des images ambiguës, manifestant non seulement deux possibilités d'être regardées (référent, référé), mais peut-être, & surtout, l'indissociabilité de ces deux aspects sensibles : une manifestation esthétique, marquée par une mise en présence de conditions de visibilité inattendues, d'une part ; de l'autre, une manifestation sensible de figurativité, marquée par un événement esthétique (apparance), à partir duquel on est autorisé à conclure, qu'à l'instar des autres arts plastiques, une image photographique *semble*.

Telle prédilection en faveur des manifestations esthétiques allusives (semblance) se trouve confirmée par le principe suivant. Si le psychologue relie l'être (*Sein*) à l'apparence (*Schein*), l'esthéticien, lui, relie l'apparence à l'apparence (*verbinden Schein und Schein*) (RC, 60).

Apparemment, Wittgenstein fait grand cas de cette distinction entre référent (*Schein*) & référé (*Sein*). Ainsi est-il donné de lire : « Or je décrirai tout naturellement la *photographie* par les mots suivants : 'devant une machine se tiennent un homme aux cheveux sombres et un jeune garçon à la chevelure blonde peignée en arrière'. Ainsi je décrirais la photographie, et si quelqu'un disait que cela décrit non pas la photographie référent, mais les objets qui vraisemblablement *(wahrscheinlichkeit)* ont été photographiés référé, tout ce que je pourrais dire, c'est que l'image est telle qu'on *dirait (als wären)* que les cheveux étaient de cette couleur » (RC, 66).

La façon dont Wittgenstein considère la Photographie s'avère tout à fait explicite. On doit observer une extrême prudence quand on profère quelque chose à propos d'une image *photographique*. « On dirait »,

« vraisemblablement », &c., dénotent tout autre chose qu'un énoncé de certitude (*Gewissheit*). Ces réserves signalent qu'avec le cas d'images photographiques (mot souligné dans le texte), on ne peut rien assurer certainement, à commencer par le fait qu'une image *photographique* puisse être à même d'assumer un accomplissement figuratif (imiter, représenter, tenir lieu…).

Par contre, on peut montrer son mode de manifestation esthétique (apparance) à l'œuvre en toute image sous forme d'une faculté de sembler. « Mais que veut dire qu'une chevelure sur une photographie apparaît blonde ? Qu'est-ce qui indique qu'elle *apparaît (aussieht)* et que la couleur n'est pas simplement *inférée (geschlossen)* ? Quelles sont celles de nos réactions qui nous permettent de l'affirmer ? » (RC, 66). « Est-ce que je vois effectivement blonds sur la photographie les cheveux du jeune garçon ?! –Est-ce que je les vois gris ?

« Est-ce que je *conclus (schleiße)* seulement que ce qui sur la photographie apparaît de *telle_façon (so)*, doit en réalité être blond ?

« En *un* sens je les *vois* blonds, en un autre d'un gris plus clair ou plus sombre » (RC, 65 ; cf. ch.V.).

Ces exemples montrent clairement comment s'opère une coupure irréversible entre ce qui relève de l'ordre d'une expérimentation artistique, ce qui peut en résulter (ce qu'une image a à « dire »), & ce qui s'affilie à l'ordre des représentations d'usage du langage. Entre ce qui apparaît au regard & ce que l'on peut inférer à partir d'une manifestation sensible d'apparance (référent & référé), la Photographie ne peut fournir aucune raison (vraisemblable) au fait qu'une communication ou une connexion, quelle qu'elle soit, puisse s'établir. Espace plastique & espace physique ne sont pas un – pas plus que les représentations d'usage du langage sont en mesure de pouvoir décrire ce que montre (& « dit ») une image photographique. Voilà, à larges touches, ébauchée la considération (*Betrachtung*) que Ludwig Wittgenstein dédie à la Photographie.

Grâce à cette considération esthétique, Wittgenstein cherche à prévenir du danger que constitue une représentation d'usage du langage, qu'il qualifie d'« *objectification* ». Selon cette procédure verbale, on parle d'une apparence comme s'il s'agissait d'une chose (PHI I, 148). Le cas s'avère très fréquent lorsqu'on procède par voie d'appropriation symbolique (empathie : *Einfühlung*), susceptible de suggérer une *vision*, qui nous permettrait de « voir » un référé *comme si* une image photographique en avait réalisé un accomplissement figuratif.

La notion d'« objectification » comporte une clause restrictive qu'on retrouvera fréquemment. En matière d'esthétique photographique, elle corrobore le fait que la Photographie procède par *semblance*. Il devient alors impossible de lui imputer d'autres facultés esthétiques que celle-ci. Ce qui paraît (*Darstellung*) au cours d'une expérimentation artistique, montre ostensiblement une manifestation sensible au service d'un avènement d'*apparance*. Aucune chose (appartenant au domaine d'un référé) ne peut apparaître par le biais d'une image photographique.

On y reviendra, mais on peut l'énoncer dès maintenant : que pourrait vouloir dire l'expression « s'asseoir sur l'image photographique d'une chaise » ? Est-ce que la photo d'une planche peut s'insérer à un ensemble pour boucher le trou d'une palissade ? Loin d'être gratuites, de telles questions s'inscrivent au programme d'une investigation esthétique de la Photographie, héritée d'une interrogation philosophique promue par le nominalisme de Guillaume d'Occam, & que Leibniz définira en termes de « phrase nominale » & Spinoza en termes de « chimère » (être purement verbal). Le mot chien ne jappe pas.

Le titre de cet essai le signale : l'expression une image photographique « de » est sûrement dénuée de sens. Sa profération verbale annonce ce qu'elle est incapable de fonder en raison, qu'elle ne peut pas montrer non plus. Sur le plan de généralité où on se trouve en ce moment, cette défection de l' »objectification » participe à l'effort de clarification, consacrée aux ressorts (Roger de Piles) sensibles, spécifiquement photographiques. A proprement parler, on ne se heurte pas à une objection effective dès qu'on ignore encore comment procède la Photographie afin que ses images « disent » quelque chose. On n'a pas affaire non plus à une impossibilité logique, mais à une restriction d'ordre esthétique, puisqu'on ne peut pas mener une *expérimentation_artistique* d'images photographiques qui déboucherait sur une manifestation de chose.

Wittgenstein précise de la sorte sa pensée : « L'objectification conduit à comparer l'apparence à une *image (picture)*. L'idée est ici que nous ne regardons pas seulement la chaise, mais que nous *regardons (look at)* également (non simplement voyons *see*) quelque chose d'autre.

« 'Regarder', cela veut dire faire quelque chose, et non simplement voir – ouvrir les yeux, tourner la tête, etc. Mais je ne puis tourner la tête pour voir un *sense datum* » (PHI II, 150). A travers cette explicitation se profile l'attitude qu'on dit observer au cours d'expérimentations artistiques.

Entre regarder & voir une image photographique, on ne recourt ni au même organe (regard, vue), ni aux mêmes facultés (contemplation sensible, appropriation symbolique ou « vision »). Un regard n'appréhende pas du tout une image photographique sous le même angle de considération qu'une vision.

Avec le premier cas, on fait appel aux facultés sensibles d'un regard ; avec le second cas, l'imagination intervient en but de parvenir à des performances significatives, essentiellement fondées sur une modification des modalités sensibles, de telle manière qu'une image donne l'impression, le sentiment, d'accomplir une figuration *ad hoc* à des attentes représentatives. Or c'est à propos du fondement rationnel de telles attentes, prêtées « naturellement » à la Photographie, qu'on est en droit de douter de leur fiabilité. De telles attentes peuvent s'imaginer, indépendamment du fait qu'elles ne puissent pas se rapporter à *l'esthétique* photographique ; elles concernent strictement des usages sociaux qui ne la *regardent* pas : qui la dépassent tout en la transfigurant.

« La similitude varie en fonction du mode de projection ; mais nous avons tendance à supposer, lorsque nous employons un mot, un mode de projection particulier, celui que nous supposons quand nous regardons une photographie. De ce point de vue, c'est à peine si nous pouvons parler de 'similitude' entre moi et mon reflet dans un miroir concave » (CC I, 50 ; cf. ch.IV).

Même si cela risque de froisser bien des idées reçues, lancées depuis pratiquement les discours d'Arago (1839), trait caractéristique de l'esthétique photographique de

Wittgenstein, selon une telle considération, on ne voit pas tellement ce qui pourrait s'opposer au fait que la Photographie *forme* ses images.

Contre toute attente, ce que pose le fragment cité précédemment revient à définir la figurativité en termes de constitution poïétique des images photographiques. Constitution poïétique marquée par son antériorité, sa priorité par rapport à tout ce qu'on peut inférer, inventer, imaginer en *voyant* des images. Revenons à ce passage consacré à la question de la similitude *(similarity)* CC I, 50).

En un premier temps, « mode de projection » doit être entendu en deux acceptions, incapables de se recouper, de subsumer l'une par l'autre. La partie finale du fragment invoqué indique que la figurativité se trouve intimement liée à la constitution poïétique d'une image plastique donnée. Quelques fois, Wittgenstein décrit celle-ci en termes de « structure ». En sorte qu'une image plastique peut se manifester sensiblement sous forme d'une « contrainte ». Elle ne dispose pas de trente-six possibilités différentes de produire des manifestations d'instauration esthétique.

En modifiant nos conditions de visibilité (*Anschaulichkeit*) des images, la Photographie impose, au sein du spectre des arts plastiques, des délimitations rigoureuses de champ. Le domaine des sensibilités photographiques n'empiète absolument pas sur le champ sensible d'autres arts plastiques ; ainsi peut se concevoir son autosuffisance sensible.

Quant à la seconde acception de « mode de projection », elle se contente de tenir une image (miroir concave : référent) telle une possibilité « évidente » d'actualiser une vision catroptique (référé), considérée comme similaire, non pas à l'image proprement dite, mais à une chose ou à quelqu'un, localisable – similairement – tant dans l'espace physique (référé) que dans l'espace plastique (référent).

À l'œuvre sous nos yeux, cette « objectification » procède par empathie, appropriation symbolique, « vision », procédé en fonction duquel on se figure autorisé à inférer ce qui nous « regarde » (individuellement, voire collectivement).

Toutefois, cette mission impossible, la Photographie ne refuse pas de l'accomplir pour quelque réserve ou réticence que ce soit. Issue de sa constitution poïétique, sa figurativité s'y oppose formellement, à partir du moment où une expérimentation artistique fait apparaître (*aussieht*) de telles conditions de visibilité qu'entre ce qu'on regarde (référent) & ce qu'on infère voir, il devient impossible de postuler quelque similitude que ce soit. Pour quelles raisons ?

L'argumentation avancée par Wittgenstein ne ressortit pas spécialement au genre d'une « critique » ou d'une « théorie ». Elle semble répondre à un dessein de « monstration » : une disposition ostensive. Une expérimentation artistique *montre* ce que, indépendamment d'elle, on deviendrait incapable d'appréhender sensiblement, *a fortiori* de comprendre. À propos de ce que l'on *croit* comprendre en évitant d'entendre ce qu'une image photographique aurait à « dire », Wittgenstein propose la suggestion suivante, montrant indubitablement qu'un accomplissement figuratif (lieutenance : *suppositio*, *Vertretung*) ne paraît pas plus quand on regarde un miroir concave que quand on scrute une image *photographique*. Une expérimentation artistique est assûrément impuissante à pouvoir faire paraître (*dargestellt*) sous un regard de ce genre de phénomène figuratif.

« Mais vous n'entendiez rien de tel que la photo de quelqu'un *(person's photo)* prise par erreur pour celle de quelqu'un d'autre n'est-ce pas ? Cette image est d'une espèce différente, elle a un emploi différent. Dire que l'image tient lieu *(stands for)* de quelque chose d'autre, c'est commettre encore une fois la même erreur. Devrions-nous dire que, comparés aux chiffres, les nombres sont intangibles ? En fait, dire qu'ils sont intangibles n'a pas plus de sens que de dire qu'ils sont tangibles. Ce que vous voulez dire a trait au concept non au mot » (CC III, 127 ; cf. ch.IV).

Tout ce qu'on a examiné jusqu'ici de l'esthétique photographique selon Wittgenstein trouve en cette occurrence l'occasion de pouvoir se confirmer. A partir d'une distinction entre image photographique (référent, *Schein*) & ce qu'on *dit* qu'elle figure (référé, *Sein*), aucune connexion ne saurait s'établir (autrement qu'imaginativement), sans nous jeter systématiquement dans l'erreur (d'appréhension, de jugement, de considération : aucun intérêt pour une investigation esthétique, *a fortiori* pour une recherche philosophique).

De cette distinction s'ensuit une autre source de confusion, sur laquelle on reviendra tantôt, après qu'elle ait été mentionnée plus haut à plusieurs reprises. Impossible d'établir quelque relation que ce soit entre espace plastique (sensibilités photographiques) & espace physique (domaine où des référés évoluent comme bon leur semble, sans que la Photographie détienne la faculté de pouvoir s'y immiscer &, partant, de participer à ce genre d'évolution).

Résultant d'une projection imaginative promue grâce à une appropriation symbolique des images photographiques, l'« objectification », en tant que majeure représentation d'usage du langage, conduit au même genre de méprise que celle qui fait croire à la tangibilité (ou l'intangibilité) des chiffres, des nombres. La seule difficulté subsistant se résume à réussir à se cantonner à ce qui se situe sous un regard, sans l'annihiler afin de s'en procurer des visions délectables.

Ne point considérer le mot (référent) similaire au concept (référé) nécessite une modification de considération. Celle-ci implique qu'en présence d'images photographiques, seules des expérimentations artistiques peuvent prévenir quiconque de méprises aussi fâcheuses pour tous les partis engagés en une partie, dont les règles du jeu ne proviennent pas du langage, mais uniquement de la Photographie.

Tout ce qu'on a passé en revue jusqu'à maintenant peut aboutir à la distinction esthétique primordiale entre espace plastique & espace physique. N'en tenir aucun compte oblige à se forger des superstitions aux dépens de la Photographie (cf. fin du ch.IV). Si la Photographie échoue indéfectiblement à produire quelque accomplissement figuratif que ce soit, c'est parce que la figurativité qu'elle instaure ne peut pas se manifester ailleurs qu'à la surface des images photographiques.

« Les phénomènes de couleur de surface ne jouent un rôle important ni en physique ni dans la vie. Mais nous pourrions avoir une mécanique des surfaces colorées. Si c'était le cas, nous nous intéresserions (a) aux appareils photographiques et aux mouvements de surfaces colorées, et (b) aux processus chimiques. Nous aurions une mécanique bi-dimensionnelle » (CC III, 155). Cette remarque n'inscrit au programme d'une investigation esthétique de la Photographie, fondée en raisons de tenir constamment « en respect » mutuel la Photographie des représentations d'usage du langage, en fonction desquelles la Photographie suggère une considération aussi motivée que celle examinée entre une personne *(Sein)* & son reflet dans un miroir concave *(Schein),* CC I, 50).

Résumons ce programme d'investigation esthétique de la Photographie d'après des suggestions fournies par Ludwig Wittgenstein. Entreprise à partir d'images photographiques, si une expérimentation artistique dévoile une figurativité constamment à l'œuvre, nommable, à titre précaire & révocable, semblance, c'est que cette appréhension sensible échoue à montrer, incontestablement, comment réussit à se produire un dessein d'accomplissement figuratif.

À cet effet, la postulation d'une différence de manifestation entre un référent *(Schein)* & un référé *(Sein),* entre une image photographique & ce qu'elle est censée « figurer », cette différence de manifestation se fonde sur une autre, celle permettant de discriminer ce qui peut apparaître *(aussieht)* de ce qu'on infère *(geschlossen).* De cet effort de clarification s'ensuit que des modalités d'appréhension se révèlent en leurs rigoureuses différences.

Si la Photographie exige des expérimentations artistiques, c'est en majeure partie parce que sa réception scopique (courante), basée sur des « visions », n'appartient pas au domaine des expérimentations artistiques, source de toute investigation esthétique (elle peut se tenter à partir d'une quantité de choses, qui ne sont pas des images plastiques : souvenir, texte, objet trouvé, odeur, mélodie…). Les « visions » qu'on se procure face (ou même en leur absence) à des images photographiques proviennent de projections imaginatives, dispensées de passer par la nécessité d'entreprendre des expérimentations artistiques.

Afin de montrer convenablement comment il se fait que jusqu'à présent seule la règle des appropriations symboliques ait pu prévaloir sans préserver une éventualité de promouvoir une considération de la Photographie, autre que scopique, esthétique, force est de clarifier le principe économique, la « grammaire » réglant les rapports du langage à la Photographie.

À ce propos, Wittgenstein se présente comme un adversaire redoutable, imperturbable ; il ne concède aucune licence aux représentations d'usage du langage, à plus forte raison lorsqu'elles font accroire une considération erronée des facultés esthétiques de la Photographie, en vertu desquelles, soi-disant, elle serait à même de réaliser des accomplissements représentatifs. Un peu comme si une charrue pouvait labourer un champ en l'absence d'attelage pour la mouvoir.

Ainsi le cas d'une « objectification » (parler d'une apparence *(Schein),* référent comme s'il s'agissait d'une chose *(Ding, Sein)* référé, à l'œuvre en tout mode d'appropriation symbolique : empathique *(Einfühlung),* annule toute considération possible d'une esthétique *photographique*, autre que sa formulation anthropomorphisée (*reductio ad hominem* appelle *adaequatio tei et intellectus*).

Sitôt qu'on renonce aux prodiges illusionnistes d'une « vision » conventionnelle des « sensibilités photographiques », la possibilité d'un changement de considération se dégage assez facilement, grâce au concours d'expérimentations artistiques. « Qu'y a-t-il sous mon regard ? » Une manifestation sensible de figurativité, dotant le Photographie d'une faculté esthétique de sembler, en soumettant un regard à l'épreuve de conditions de visibilité imprév*isibles*. D'où la conclusion provisoire à laquelle on peut (& on doit) se ranger. En Photographie, la figurativité répond de la constitution poïétique des images *photographiques*.

Désormais, on essayera de montrer quelles voies l'esthétique photographique de Wittgenstein a dû emprunter afin de parvenir à des découvertes éclairantes. En particulier celle de son autonomie artistique, garantie par l'autosuffisance des sensibilités photographiques ; celle de son mode de participation obvie aux exigences d'une constitution poïétique & d'une instauration esthétique - & ce, en pouvant le montrer.

Plus question de s'en remettre à des postulations inférées a priori (ou a priori déniées). Tout ce qu'on doit découvrir doit constituer des réponses, rationnellement fondées, notamment grâce à ce que des images photographiques ont à « dire ». Le chapitre suivant fournira l'occasion d'indiquer quelques voies ayant dû, vraisemblablement, participer à l'édification d'une telle investigation esthétique de la Photographie.

# CHAPITRE II
# « Discours de la méthode »

Très tôt (24 avril 1915), Wittgenstein fait sienne cette maxime de Guillaume d'Occam, reprise par le *Tractatus* (paragraphe 5.47321) : « Il ne faut pas multiplier les êtres sans nécessité » (« *Entia praeter necessitatem non sunt multiplicandi* », CA, 91). Bien plus tard (1947), il restreint encore ce principe méthodologique de la façon suivante : « Ne t'intéresse pas à ce que tu es probablement le seul à saisir ! » (« *Interessiere Dich nicht für das, was, vermeintlich, Du allein faBt !* », RM, 81). Ces remarques préalables étant déposées, on examinera en quoi elles peuvent s'appliquer à une investigation *esthétique* de la Photographie.

En ce contexte préliminaire, il convient de garder en mémoire la considération esthétique-artistique selon laquelle la Photographie peut produire un nombre restreint de manifestations esthétiques (figurativité d'une semblance), infiniment variables & modulables en fonction des constitutions poïétiques propres à chaque image photographique, fût-elle « anonyme ». Pour l'énoncer schématiquement, on se penchera dès maintenant sur des problèmes de délimitation de champ esthétique. Avec, d'un côté, éventuellement ce qu'on peut y inclure ; de l'autre, ce qu'on doit en exclure.

Abordons cette épineuse question de savoir justifier en quoi la formule « image photographique de » ne peut être revêtue d'un sens quelconque. Le nom conféré à une chose a-t-il une fonction similaire à celui prêté à une personne ? Certes non. Impossible d'*appeler* une chose par son nom. Font défaut les marques indiquant que le nom se connecte aux conventions régissant l'emploi de ce nom (PHI II,

120). Par conséquent, on ne peut pas appeler une image photographique (référent) par son nom, à plus forte raison ce dont on dit qu'elle figure (référé).

Les choses s'avèrent indiscutablement « sourdes » à toute interpellation, invocation, incantation…, à moins de se livrer à un jeu de simulation à « faire comme si »… On retiendra cette incapacité d'une image photographique à répondre à l'appel lorsqu'on envisagera aussi bien la question des explications causales en général, que la possibilité que détiendrait une image photographique d'être susceptible de « dire » quelque chose (cf. ch.IV & V).

Selon l'aphorisme 5.1361 du *Tractatus*, « Der Glaube an den Kausalnexus ist der *Aberglaube* » (TO, 63), traduit tour à tour par : « La croyance au rapport de cause à effet est la *superstition* » (TI, 67), puis par : « La croyance en un lien causal est un *préjugé* » (TN, 67). Voilà néanmoins en quels termes s'*annonce* la formule courante : une « image *de* ». Qu'on ait affaire à un préjugé ou à une superstition ne change rien à l'affaire.

Non seulement on ne peut pas montrer de connexion entre une image photographique (référent) & ce dont on proclame qu'elle tient lieu (référé). Au surplus, pour aller jusqu'au bout du raisonnement, si une image photographique ne répond pas à son nom lorsqu'on l'appelle, c'est tout bonnement parce qu'elle ne peut pas en posséder. Baptise-t-on les images ? Elle ne consiste ni en un pont entre espace plastique (référent) et espace physique (référé), ni entre la Photographie & le langage. Ce serait alors une considération superstitieuse qui imaginerait une éventualité (chimérique) d'établir de telles relations causales. Le *Cahier Bleu* livre : « De la cause, on peut dire qu'on ne peut la *connaître*, mais qu'on peut seulement la *conjecturer*. En revanche on dit souvent : ‘Il faut bien que *moi*, je sache pourquoi j’ai fait cela’ lorsqu’on parle d’un motif » (CB II, 54).

Pour une esthétique photographique, de telles remarques s’avèrent précieuses. Elles permettent d’élucider de quelle façon la Photographie participe à la constitution poïétique de ses images &, ce, d’une façon immanente. De ce qui l’environne, elle en opère une mise en forme (*Gestaltung*) sélective, en lui imprimant sa propre facture. Elle considère le monde physique à titre de *motif* (au sens de Cézanne) pour instaurer des images.

Ainsi le monde (extérieur, physique) ne peut pas être tenu pour une *cause*, selon laquelle la Photographie paraît ce qu’elle « est » (d’un point de vue plastique, esthétique) – parce que la Photographie ne participe pas (n’a pas de possibilité d’accès) au monde (extérieur, physique). La délimitation de son espace plastique coïncide avec ce que la Photographie est en mesure de manifester *de l’intérieur* de son champ de sensibilités.

En un similaire ordre de considération, on peut déclarer : la Photographie n’œuvre pas le monde. Sans nulle connotation heideggerienne, la Photographie *ouvre* le monde. On peut parler comme cela dès lors qu’on conçoit & qu’on éprouve que la Photographie étend les limites du monde, au-delà des bornes actuelles du concevable, du déjà conçu. Et cette sorte de participation insue à l’expansion du monde environnant se produit dans un contexte de « coexistence pacifique ».

La Photographie ne concurrence pas – ou ne « double » pas – le monde, & vice versa. À ce compte-là, la raison d’être de la Photographie se définit ainsi : une contre-partie anthropologique (*homo additus naturae ?*) au monde, sous forme de son expension-expanseur esthétique, inépuisable source d'émerveillement *(thaumazein),* « miraculeusement » préservée de tout risque d'entropie, à partir du moment où la Photographie produit d'elle-même (de façon immanente) son « énergie » créatrice, ses ressources d'instauration esthétique. Elle n'épuise pas irréversiblement les réserves naturelles d'un monde à partir de l'instant où elle ne peut pas excéder les limites de son champ de sensibilités. Idem pour le langage.

Raison nécessaire & suffisante afin d'interroger une conception (erronée) de la Photographie. D'après celle-ci, la Photographie serait cause qu'elle « déforme », altère le monde, en prétendant que ses images représentent, figurent le monde (postuler qu'elles le restituent impeccablement : mythe d'une transparence du medium), revient exactement au même résultat : une « vision » erronée, fondée sur une représentation d'usage du langage.

Stipuler (annoncer) que la Photographie « déforme », « transforme » le monde ou quoi que ce soit d'autre, ne peut obtenir de justification rationnelle qu'en renonçant aux prestiges chimériques du langage prêtant à la Photographie une faculté de transposition (*Übertragung*), caractérisée par un principe de causalité (je me suis goinfré, donc j'ai mal au ventre).

Il est constant que d'un point de vue non esthétique (verbal), on peut dire que la Photographie « dé-forme » le monde, au sens propre d'une défiguration. A partir du moment où des expérimentations artistiques montrent qu'entre espace plastique & espace physique aucun lien (causal ou autre qu'imaginé, artificiellement inféré afin de répondre à des attentes scopiques, voire illusionnistes, à des pratiques d'appropriation symbolique), aucun lien ne saurait s'établir entre ces espaces discrets, on peut envisager l'éventualité que la Photographie puisse « déformer » (n'importe quoi).

Pour admettre cela, on doit d'abord reconnaître aux images photographiques la nécessité de devoir être « formées », selon un processus de constitution poïétique, spécifiquement photographique. A cet égard, il devient possible d'avancer que la Photographie « dé-forme » le monde, au sens où elle se trouve à l'abri, bien loin de pouvoir prétendre « former » ou participer à la « formation » du monde. Dans une semblable veine de raisonnement quasi marxiste, & néanmoins fidèle à la pensée de Wittgenstein, il est possible de poser que la Photographie transforme le monde, pour la simple raison, on l'a indiqué plus haut, qu'elle présente des images manifestant des conditions de visibilité, émerveillantes pour l'humain qui l'habite, élargissant, enrichissant ainsi notre patrimoine esthétique, par-delà les limites sensibles de notre regard mondain, par-delà les limites du domaine de compétence du langage ordinaire.

Si Ludwig Wittgenstein affranchit la Photographie de toute obligation de devoir se régler sur un principe (imaginaire) de causalité, en sus de ce qui vient d'être dévoilé en matière d'« obligation » esthétique, c'est peut-être aussi pour la raison suivante. Dès le *Tractatus* (paragraphe 6.37) il est permis de lire : « Rien ne contraint quelque chose à arriver du fait qu'autre chose soit arrivé. Il n'est de nécessité que *logique* » (TN, 108). « Es gibt nur eine *logische* Notwendigkeit », signifie, en l'occurrence pour la Photographie : suppose que tu regardes une photo semblant quelqu'un en train de courir ; est-ce que cela te laisse entendre que tu peux voir la photo en train de courir ?

De ce que quelqu'un a pu courir (ou faire semblant : tenir la pose), tu ne peux rien inférer de ce qu'il peut en résulter lorsque tu regardes une image photographique semblant telle ou telle action, localisée en un espace physique. Tu peux dire : « Les escargots prisent fort la littérature ». En déclarant cela, tu dis rigoureusement la même chose que quand tu évoques la possibilité (*logique*) de *voir* la photo d'un coureur (ou celle de Louis XIV, d'un fantôme…). Tentons de simplifier cette difficile question, en tâchant de ne pas l'édulcorer.

« Lorsque, par exemple, je me représente par l'imagination un nain aux yeux verts, et que je rencontre effectivement, par après, un homme qui ait cet aspect – l'image de ma fantaisie dénote-t-elle déjà ce nain ? Nous nous tenons là devant le vieux problème suivant : Comme un fragment de la réalité peut-il bien se rapporter à un autre référent & référé? Ce que je veux dire par-là, c'est qu'il ne sert à rien de concevoir le penser comme une hallucination, c'est-à-dire que c'est superflu ; mais que la difficulté subsiste bel et bien. Car l'hallucination même ne saurait enjamber la faille qu'il y a entre l'image et la réalité » (DIC I, 219).

En effet, si espace physique (référé) & espace plastique (référent) se trouvent absolument séparés l'un de l'autre, l'intention qui préside au dessein de les vouloir comparer (on y reviendra) ne peut déboucher sur rien d'autre qu'elle-même (tautologie, non-sens). Quoi qu'on trouve à redire à ce sujet, cette façon de procéder en présence d'images (plastiques, photographiques) ne permet d'obtenir que des propositions absurdes, d'aucune utilité pour accomplir une mission de clarification confiée à un programme d'investigation esthétique. Entre une image photographique & la « réalité », même l'hallucination (vision scopique poussée à son paroxysme projectif : *Einfühlung*) « ne saurait enjamber la faille » qui les maintient, réciproquement, hors de toute « contamination ». A-t-on pour autant régler la question de la formule canonique : « Je vois une photo *de*.. » ?

La *Grammaire philosophique* (c. 1934) apporte de l'eau au moulin. « Il nous est difficile de nous délivrer du parallèle : cet homme arrive, cet événement arrive, comme si l'événement se tenait prêt derrière la porte de la réalité, et y arrivait (comme dans une pièce) » (GP, 146). Revenons à la photo *du* coureur.

À supposer qu'on maintienne pour plausible une telle formulation, n'encourt-on pas le risque que le coureur quitte la surface plastique de l'image afin de poursuivre son parcours terrestre ? De deux choses l'une : ou l'on n'a pas affaire à une photo *de* coureur, ou on y a affaire. Avec le second cas, il devient évident que le coureur poursuit son chemin sans demander son reste, alors que « son » image demeure comme deux ronds de flan, absolument privée de moyen de locomotion.

De ce que quelqu'un puisse se déplacer dans un espace physique, il n'en résulte pas du tout qu'une image photographique puisse lui emboîter le pas. Car si tel était le cas, puisque le coureur a pu pénétrer dans l'image, on ne conçoit pas tellement ce qui l'empêcherait d'en sortir ne serait-ce que pour revenir sur ses pas, voire en poursuivant sa route. Or la locution « photo *de* » bute sur ce problème de circulation du bonhomme.

Il arrive en courant, tout en ne courant pas (expérience sensible impraticable ; cas d'expérience mystique de *coincidentia oppositorum*, telle le vol – mobile-immobile – des séraphins chez Grégoire de Nysse). En ce cas, l'image, intrinsèquement immobile, par quel prodige figurerait-elle immuablement un mouvement physique ?

Si on dit que le type court alors qu'on regarde une image photographique à la surface de laquelle aucune motion ne saurait avoir l'heur de se mettre en branle (à la place du type courant, on pourrait dire mangeant, mourant, etc.), cela signifie que l'efficience motrice verbale (imaginaire) ne quitterait pas son degré zéro de performance. Est-ce qu'en agitant en tous sens cette photo, celle-ci nous esquisse-t-elle une sorte de mouvement ?

La difficulté de parvenir à simplifier (au sens algébrique du terme) cette question provient probablement du fait que « les fonctions de vérité ne sont pas des fonctions matérielles » (TI, 73 ; TN, 79). (« *Die Wahrheitsfunktionen sind keine materiellen Funktionen* » (TO, 71).

Lorsqu'on dit qu'on voit un pompier qui monte à une échelle, figuré par telle image photographique, on se trouve dans l'obligation d'inférer une proposition dépictive, & de transposer cette proposition aux facultés testimoniales d'une image photographique. De sorte qu'un bout de papier prouve ce que la proposition dépictive annonce (approuve). En fait, le « pompier » ne « gravit » l'« échelle » que quand je crée moi-même l'événement dépictif. Si je retourne l'image la « tête en bas », qui est-ce qui m'empêchera de *dire* que le type descend son échelle ? Il suffit de *manipuler* l'image photographique pour lui faire dire ce qui nous « regarde », en prenant garde qu'elle se risque à « dire » quoi que ce soit.

Au bout du compte, cette photo « de » pompier, manipulable à gré, présente des facultés testimoniales pour le moins douteuses, pour ne pas écrire nulles & non avenues. De quoi peut effectivement *témoigner* une photo « de » pompier, dont la dépiction annonce, tantôt & à la fois qu'il grimpe & qu'il descend (bizarrement) une échelle ? Que signifierait, de quoi pourrait témoigner une telle photo « de » X montant-descendant une échelle ? Et cela, bien entendu, en sachant pertinemment que, *de visu*, de source sûre, même en proie à des hallucinations, personne ne pourra témoigner en faveur de l'existence d'un mouvement qu'un morceau de cartoline est irréversiblement incapable d'animer, imprimant aux figures (référés) une faculté de se déplacer à la surface d'une image plastique. Tentons un autre mode de résolution.

« L'image que j'ai dans le souvenir n'est pas la preuve évidente de cette situation passée, comme le serait une photographie, prise autrefois, qui me convainc aujourd'hui que les choses étaient alors ainsi. L'image du souvenir et les mots du souvenir sont sur le *même* pied » (Das Erinnerungsbild und die Erinnerungswort stehen auf *gleicher* Stufe.) (RPP I, 232 ; F, 164). Qu'on ne se méprenne surtout pas. Wittgenstein ne prête absolument pas une testimonialité aux images photographiques, accessible grâce à une dépiction de référé. L'emploi du conditionnel (serait) stipule indubitablement qu'il n'en est rien.

Ici, la Photographie occupe une position écartée du domaine où se déroulent les jeux de langage confrontant image du souvenir aux mots usés pour en fournir une évocation. Ce qui signifie : à supposer que l'on tienne qu'image du souvenir & mots du souvenir se situent au même niveau (F, 164), rien ne permet d'extrapoler qu'il en va de même avec une image *photographique*.

Par-là, Wittgenstein indique ceci. Si image du souvenir & mots du souvenir se trouvent sur le même pied, & que, par conséquent, on puisse passer de l'un à l'autre sans rencontrer de difficulté notoire, étant entendu que tous relèvent de l'ordre de la représentation (*Vorstellung*), en revanche nulle part on peut lire que la Photographie procède de façon similaire ou comparable.

La testimonialité partagée entre image du souvenir & mots du souvenir ne concerne en rien celle instaurée par la Photographie. En conséquence, du point de vue de l'esthétique photographique de Wittgenstein, la locution « image *photographique du* souvenir » ne veut rien dire d'autre qu'elle dénote un processus d'appropriation symbolique des images photographiques, chargé de doter ces dernières de facultés représentatives, & ce sans passer par la nécessité de les soumettre à des expérimentations artistiques, ne serait-ce que pour « voir si ça marche comme on le dit ».

« Car la plus exacte (*genaueste)* photographie, par exemple, tu ne la connaîtras pas comme un exposé *exact (als genaue Darstellung)* de ton expérience vécue. L'exactitude n'existe pas dans un tel jeu de langage. (Pas plus que le cavalier dans un jeu de dames.) » (RPP I, 223). La question de l'exactitude (*Genaulichkeit*), évoquée ci-dessus, contribue objectivement à la clarification de notre « histoire » de « photo *de* ». Entre en jeu, d'emblée, une réserve, précieuse pour l'investigation esthétique de la Photographie.

Exactitude, conformité, comparabilité, assimilation, absorption… entre référent & référé ne peuvent pas avoir cours en Photographie. Toutes ces qualités ou propriétés sont l'apanage du langage & des images représentatives qui lui font cortège. La constitution poïétique des images *photographiques* ne permet pas d'inscrire à leur programme de manifestation (*Darstellung* d'une semblance) esthétique l'effectuation de procédures ou de techniques d'estimation, de mesure, de comparaison (entre référent & référé).

Ludwig Wittgenstein écarte une telle éventualité « fictionnelle » en fournissant l'exemplification ostensible d'un cavalier inclus dans un jeu de dames. L'accomplissement figuratif de la Photographie se trouve maintenant devenu impossible. La figurativité (*Bildhaftigkeit*) des images photographiques montre sans ambiguïté que la formule courante (« photo *de* ») joue un jeu de langage similaire en s'annonçant comme une possibilité à un cavalier d'intervenir dans un jeu de dames.

Ainsi, ce souci d'exactitude ne quitte plus le domaine des jeux du langage & contribue efficacement à débarrasser l'esthétique photographique de toute une panoplie de représentations imaginaires (« images ») qui, jusqu'à présent, au lieu de l'éclairer, lui ont porté un ombrage difficile à dissiper. Ce que Wittgenstein précise autrement, lorsqu'il déclare : « Nous aimerions peindre ou dessiner 'ce que nous voyons' ; mais en *ce* cas, nous ne le pouvons évidemment pas » (CC III, 109 ; GP, 258).

Plus loin au sein du même ouvrage, il dispose le protocole suivant. « Supposez que, sur un mur, soit peinte une boîte gigantesque, avec, juste au dessus, une image de fumée. Dois-je dire que la fumée sort de la boîte (le pompier escaladant une échelle) ? Rien ne nous y contraint ; le cas vous contraint, s'il vous contraint. Je *pourrais* dire 'L'image de fumée sort de l'image de la boîte'. Ce serait un emploi bizarre ; mais je pourrais parler ainsi. À comparer à : il serait bizarre de ne pas dire 'Il a calculé' » (CC III, 275 ; cf. ch.IV).

Providentiellement paraissent encore des verbes conjugués au conditionnel. L'affirmation est loin d'être de mise. L'accent porte sur la contrainte (*compel* : habitus).

En distinguant nettement image (référent) *de* la fumée (référé), Wittgenstein montre ce qu'on présentait un peu plus haut, sans recourir à des exemplifications. Impossible de déclarer « la fumée sort de la boîte », mais : « l'image de la fumée sort de l'image de la boîte ».

Même si ça sonne bizarrement, la proposition demeure valide malgré tout, du fait qu'on puisse entreprendre une expérimentation artistique, à partir de ce que suggère Wittgenstein. Et ce qui concerne la peinture, s'applique également à la Photographie. Que l'image de la fumée puisse sortir de l'image de la boîte n'invalide pas du tout ce qu'on s'est efforcé de clarifier à partir de la formule triviale : « une photo *de* ».

Effectivement, pour que l'image de la fumée puisse sortir de l'image de la boîte, il convient de pouvoir être en mesure de montrer à l'œuvre un commun processus de manifestation esthétique (figurativité), applicable à n'importe quelle image *plastique*. En tout cas, ces images semblent un référé (boîte, fumée). La fumée ne peut pas sortir de la boîte, dès lors qu'on en regarde des images. A-t-on jamais *vu* une *image* de boîte émettre, comme par enchantement, de la fumée ? Et pourquoi pas de la pluie, des lapins, des navets, des arômes, des bruits…

Grâce à ce biais, Wittgenstein met en lumière des propriétés esthétiques du champ des sensibilités photographiques. À commencer par l'uniformité du processus de manifestation esthétique (figurativité semblante d'un référent). Qu'il s'agisse d'une semblance de fumée ou de boîte, l'intercommunication sensible (présentation, apparance) entre les images plastiques s'établit ; les images bénéficient ainsi d'une faculté « interférentielle », due à leur « suiréférentialité » initiale (le fait qu'elles ne renvoient à rien d'autre qu'à elles-mêmes). Cependant, cette modalité singulière de référentialité, esquissant un tournant dans la considération relative à une testimonialité, spécifiquement *photographique*, indique en outre que la nature de la relation entre référent & référé, entre image *de* fumée, *de* boîte, répond à la plus absolue des contingences (R. Barthes).

Ce que ne spécifie pas explicitement Wittgenstein, encore qu'apparaissant en filigrane de ce qu'il suggère concernant l'esthétique photographique, est que la manifestation (apparance) esthétique d'une semblance (figurativité), du fait qu'elle résulte d'une constitution poïétique préalable, crée une obligation référentielle supplémentaire, en ce sens que toute image *photographique* se trouve prioritairement & initialement *obligée* envers la Photographie. La Photographie devient alors la seule & unique référence esthétique fiable, les autres (suiréférentialité, interéférentialité) ne dérivant que de cette prime Référence.

Et c'est justement en raison de propriétés esthétiques telles que celles-ci, parmi d'autres, qu'en se mettant à l'écoute de ce que les images photographiques ont à « dire », un changement de considération de la Photographie découvrira l'opportunité de se présenter (*dargestellt*) au jour, sans que rien ni personne n'entreprenne de l'obscurcir.

D'où une déclaration, qui ne saurait surprendre même un lecteur néophyte : « En regardant la photo je ne me dis pas 'On pourrait y voir un homme'. Ni en regardant le F ; 'On pourrait y voir un F' » (RPP II, 108 ; cf. ch.IV). L'incomparabilité entre référent (photo) & référé (homme) peut également s'envisager de la sorte. « 'Il compare la rocher à une forme humaine', 'Il y voit une forme humaine' – mais dans le sens où il comparerait l'image référent et le chien référé, ou une photo d'identité *(Paßphotographie)* et un visage *(Gesicht)* » (RPP II, 208 ; cf. ch.IV).

Seulement, une telle incomparabilité, prisée, privilégiée par Wittgenstein, offre un relief étonnant à cette esthétique photographique dès l'instant où l'on avait accoutumé de la dépeindre sous les traits d'une *évidente platitude*. Ici ou là, des niveaux, des accidents de terrain apparaîtront, conférant à cette autre (esthétique) considération de la Photographie une permission d'entreprendre des investigations (esthétiques, photographiques) qui cessent de « se payer de mots ».

Pour accomplir une telle gageure, on refermera ce modeste « Discours de la méthode » sur une obligation esthétique inévitable. Tout ce qu'on a postulé ou prétendu arguer doit pouvoir s'étayer sur des raisons (vérifiables, ne serait-ce que par voie d'expérimentations artistiques). En ce sens, Wittgenstein approche par certains aspects l'esthétique d'Adorno, vue à travers l'excellente lorgnette de Rainer Rochlitz.

« Dans une recherche esthétique, les *rapports de causalité* ne nous intéressent pas, alors qu'ils nous intéressent en psychologie. Lorsqu'on demande '*Pourquoi* cela est-il beau ?', nous avons l'habitude de nous satisfaire de réponses qui donnent des *causes*, au lieu de donner des raisons. |…| Il est utile de se souvenir des réponses que l'on donne à la question inverse 'Qu'est-ce qui ne va pas dans ce poème ou cette mélodie ?', car la réponse à la première question est de la même espèce. |…| En esthétique, la question n'est pas 'Aimez-vous cela ?', mais 'Pourquoi l'aimez-vous ?' » (CC II, 55).

Autrement dit, le fait de demander des raisons apporte la confirmation que l'esthétique (photographique) wittgensteinienne ne doit rien à la psychologie. Effectivement la psychologie ne peut pas répondre correctement à notre question primordiale : « Qu'y a-t-il sous mon regard ? » (CA, 100). Ailleurs, en deux endroits Wittgenstein réaffirme cette conception (PHI I, 128).

L'exclusion de la psychologie peut s'expliquer ainsi : celle-ci ne participe pas à l'esthétique, affairée à promouvoir des expérimentations artistiques, car « … la recherche d'une raison comporte comme l'un des moments essentiels qu'on y assentisse, alors que la recherche d'une cause s'effectue expérimentalement » (CC II, 57). D'où il conclut : « La recherche esthétique suggère un « pourquoi », non une cause » (L, 39, 46). Quelle incidence cela a-t-il sur l'esthétique photographique ?

L'expérimentation artistique d'une image photographique manifeste (apparance semblante) des conditions de visibilité telles qu'elles actualisent une stase émerveillante. Pourquoi ? La raison en est la suivante. La constitution poïétique de l'image instaure une apparance sensible (figurativité, semblance), suffisamment dynamique, pour modeler (plasma, plasis) son champ de sensibilité, de manière à pouvoir être accueillie comme une mise en présence d'une phase d'émerveillement artistique.

À partir de cette expérience vécue, il devient possible d'élucider (donner des raisons) en fonction de quel(s) critère(s) une image photographique, participant au domaine de l'instauration esthétique, peut susciter une manifestation de sensibilités photographiques, formulables, « exprimables » grâce à un bouleversement de nos conditions de visibilité.

Donner des raisons présidant à un tel bouleversement sensible, à un tel avènement artistique, consiste en la tentative de comprendre cette image & de pouvoir transmettre à autrui (question d'assentiment, CC II, 57) pourquoi (retour à la constitution poïétique de l'image, i.e. à la Photographie, la Référence), si l'on modifie un tant soit peu quelque composante de l'image (variation paramétrique ; par exemple, un changement de format), une modification des conditions de visibilité se produit, transposant automatiquement la teneur de notre émerveillement, transposant *autrement* ce qu'une image photographique a à nous « dire ».

Transposition différante (J. Derrida), il va sans dire qu'elle s'accompagne de « descriptions supplémentaires » (PHI I, 129). Toutefois, on doit spécifier à quel genre d'« énoncé » ressortissent les descriptions en question. En effet, celles-ci portent explicitement sur les conditions de possibilité devant être réunies afin qu'on puisse entreprendre des expérimentations artistiques.

Grâce aux notes colligées par George E. Moore des cours de Wittgenstein donnés entre 1930 & 1933, il est donné de lire : « Tout ce que fait l'esthétiques, disait-il, consiste à 'diriger l'attention vers une chose' *(to draw your attention to a thing)*| à 'placer les choses côte à côte'. Si l'on parvient, en donnant des 'raisons' de ce genre, à faire 'voir' à une autre personne (thème de l'assentiment, CC II, 57, lié au fait d'être en mesure de fournir des raisons) 'ce que l'on voit', bien que ça continue de 'ne pas lui plaire', alors cela 'met fin' à la discussion… » (PHI I, 129).

Wittgenstein conçoit ainsi une investigation esthétique telle une entreprise coopérative, à laquelle peuvent participer plusieurs candidats à des expérimentations artistiques. Or pour qu'un dialogue puisse s'établir, il faut nécessairement que ces expérimentations artistiques se soient produites effectivement, sinon on risque de parler pour ne rien dire. On a de fortes chances de déclarer des images ce que, elles, n'auront jamais la faculté de « dire ».

Ce serait dépenser des efforts en pure perte que de tenter de communiquer à autrui ce que l'on serait seul à saisir (RM, 81). Il convient donc d'éviter cet écueil contre lequel s'abîment quantité de propos critiques qui économisent, en raison de leur « vice » insu, de leur formulation & de leur conception, l'éventualité de s'exposer à autrui, en ne montrant pas comment (diriger l'attention, suggérer des comparaisons, PHI I, 129) que ce que l'on énonce s'étaie sur des raisons, alors qu'on ne laisse pas d'annoncer tout autre chose.

À l'instar de tout mode d'appréhension, une expérimentation artistique engage des investissements, pas seulement personnels, mais surtout interindividuels. La belle affaire que j'éprouve tel ou tel sentiment (*Gefühl*), si je ne dispose pas des moyens de le représenter à autrui, en arguant de raisons que mon interlocuteur pourrait découvrir par lui-même en entreprenant, de sons propre chef, des expérimentations artistiques.

Se trouvent ainsi frappées de gaspillages une somme incalculable d'appropriations symboliques répondant à un mode d'accomplissement empathique. Après Charles Lalo (*Les sentiments esthétiques*, 1910), peut-être en s'inspirant des idées de son ami Keneys, Wittgenstein préconise une espèce de redressement ou de politique économique reversable au compte de l'entreprise d'investigation esthétique.

Tant il est vrai que ce que l'on a pu dire du caractère protreptique du style wittgensteinien stipule un tel état des comptes (rendus) équilibrant, équitablement, de part & d'autre, dépenses & recettes. D'une certaine manière, Wittgenstein assujettit l'esthétique, la place sous contrôle éthique. L'art devient affaire d'affaires conclues –ou non- entre honnêtes gens ; il doit alors se porter garant & pouvoir témoigner en faveur de ses règlements de compte, au-delà de tout soupçon d'imposture. Si autrui ne participe pas ou se trouve exclu de la possibilité de procéder à des expérimentations artistiques, l'art se voit contraint au destin fatal de « la magie de sa disparition » (formule empruntée à J. Baudrillard sans y assentir).

Voici en quels termes économiques (& éthiques) Ludwig Wittgenstein conçoit la raison d'être des investigations esthétiques. Coupant cours aux espérances solipsistes d'un plaidoyer *pro domo*, en 1931, il suggère de recourir à la « méthode » suivante : « Ce que tu as accompli ne peut avoir pour les autres plus de signification que pour toi-même.

« Autant cela t'a coûté, autant il faudra qu'ils payent » (« *Soviel als es Dich gekostet hat, soviel werden sie zahlen* ») (RM, 25, 76 ; CCS, 86).

Ailleurs, s'évoque la grammaire sous les espèces d'un « livre de compte du langage » (GP, 94). Finalement, il confie à son ami Maurice Drury : « Je sais que ma méthode est bonne. Mon père était un homme d'affaires, et je suis un homme d'affaires : je veux que ma philosophie relève du business, qu'elle permette de faire quelque chose, de construire quelque chose (*settled*) « (1930, DCL, 101). Quelques jours ou semaines plus tard, sa méthode

« économique » se précise : « Un mauvais philosophe ressemble à un propriétaire qui possède un taudis. Mon travail est de l'expulser des affaires » (DCL, 113).

En quelques mots, voici comment se raccorde ce chapitre au suivant. Dans le domaine de ce qui passe pour réponse plausible d'une « esthétique » photographique, on va devoir mettre de l'ordre dans les affaires, apurer des comptes (contes) erronés, restaurer une possibilité aux sensibilités photographiques de devoir être prises en compte, & que, par-là, à travers ce que les images photographiques ont à « dire », la Photographie puisse présider au Conseil d'administration de son entreprise sensible, au capital artistique insoupçonné.

En somme, il va s'agir d'estimer s'il est fiable d'investir quoi que ce soit (temps, argent, au cœur du processus photographique) dans les transactions symboliques, toutes placées sous l'égide d'une *Légende dorée*, au principe « économique » basé non pas sur des expérimentations artistiques : sur des représentations d'usage du langage (« images »).

L'imagination et le jugement sont deux qualités communes et presque opposées. L'imagination ne crée rien, elle imite, elle compose, combine, exagère, agrandit, rapetisse, elle s'occupe sans cesse de ressemblances.

Diderot, *Salon de 1767*.

Il tira brusquement sa valise de dessous le lit, en sortit les lettres et les photos d'Evguénia Nikolaïevna, celles qu'il emportait partout avec lui depuis longtemps, et celle qu'elle lui avait envoyée dans sa dernière lettre, et la toute première, une photo d'identité, enveloppée dans de la cellophane, et se mit à les déchirer. A une bribe de phrase sur un bout de papier déchiré il reconnaissait les mots qu'il avait lus et relus si souvent, les mots qui lui faisaient perdre la tête. Il regardait disparaître le visage, périr les lèvres, les yeux, le cou sur les photos déchirées. Cela le soulageait, il lui semblait qu'il l'avait extirpée, piétinée tout entière, qu'il s'était libéré de la sorcière.

Vassili Grossman, *Vie et destin* (1960), III, 50, pp.767-768.

## CHAPITRE III
## La Légende Dorée

En quelques mots, voici de quoi il en retourne. Lorsqu'on admet, reconnaît, partage, fait fructifier, recycle, reproduit... un schème commun, dotant la Photographie d'une faculté de produire un quelconque mode d'accomplissement figuratif, cela répond au fait qu'on se fie, sans y prendre garde, à des représentations d'usage du langage (telle la formule : « photo *de* »). A cet effet, sont réquisitionnées des procédures d'appropriation symbolique, de près ou de loin, calquées sur le schème de l'empathie (*Einfühlung*).

Ainsi s'opère une substitution, lourde de conséquences, moindres pour la Photographie, catastrophiques pour des humaines tels que nous. *Exit* esthétique : gloire à la psychologie du sentiment éprouvé par le biais d'une imagination projective. Rares, voire exceptionnelles, s'avèrent les propositions discursives qui dérogent à la règle empathique de cette « *Legenda aurea* ». Et Wittgenstein, cela s'entend, peut être identifié comme « champion » dans l'entreprise de déconstruction des fondements pseudo-« rationnels » sur lesquels cette règle, munie de ses usages courants, fait accroire qu'elle a pu s'édifier en toute légitimité.

Aucune propension éristique ne s'affiche au programme d'une investigation esthétique de la Photographie. Toutefois, s'il veut tenir ses promesses d'élucidation, ce programme ne peut pas procéder autrement qu'en dépouillant de leurs « images » (résultant des représentations d'usage du langage) des prétentions heuristiques qu'elles s'arrogent d'autorité & qui ont pour conséquences, non pas une ouverture sur le domaine des sensibilités photographiques, mais au contraire sur sa forclusion, son arraisonnement, reproduisant, brodant, *ne varietur*, la légende de « la grande Inconnue du monde moderne » (R . Barthes).

On procédera à l'exposition détaillée des différents thèmes majeurs imprimant à cette habitude de concevoir la Photographie une teinture familière, malgré le fait qu'elle ne laisse pas de paraître « étrange », eu égard à ce que la Photographie pourrait réellement réaliser.

Couramment, on dote la Photographie de fonctions pratiques, & ses productions de propriétés particulières *ad hoc*. Parmi ces fonctions, se signalent les suivantes : dupliquer, substituer, enregistrer, copier, mettre en rapport, représenter, conserver… Parmi les propriétés de ses productions, sont retenues fréquemment celles-ci : sûreté, fiabilité, rétention de marques spatio-temporelles, instantanéité, ressemblance… Voici donc quels seront les thèmes qu'on abordera dès à présent, montrant de quelle façon la considération esthétique de Wittgenstein peut jeter sur eux un éclairage inattendu, impré*vu*.

À ce propos, on est en droit de s'interroger sur le sens d'une conception de la Photographie, qui décernerait à celle-ci une faculté fonctionnelle, quasi technique, de pouvoir dupliquer exactement, de simuler, en définitive, un référé (CF, 161). Peut-on affirmer d'une image *photographique* qu'elle reproduit fidèlement un référé ? En cette circonstance curieuse, une image photographique devrait être capable de restituer scrupuleusement, fidèlement *(verläßlich)* l'apparence d'un référé.

Si cela peut s'imaginer, en revanche, aucune expérimentation artistique est en mesure de le montrer. Car, dans l'éventualité où le contraire pourrait se présenter, cela signifierait que des connexions, prisées pour leur sûreté, leur fiabilité, leur fidélité *(Verläßlichkeit),* auraient réussi à s'établir entre référent & référé, scellant entre eux une sorte de charte ou de contrat, stipulant leur solidarité réciproque. Comme si des photos pouvaient se porter garantes d'états du monde & vice versa. Or, semble suggérer Wittgenstein, une telle fonction, seule l'imagination peut lui garantir sa validité – pas la Photographie. Elle ne peut être inférée qu'*a posteriori* & ne reposer que sur une pétition verbale, une croyance.

« Mais si cette analogie était pertinente, je devrais pouvoir ajouter que cette photographie (l'impression sur mon esprit) (*der Eindruck auf meinen Geist)* est fidèle. En d'autres termes, je devrais pouvoir dire : 'Je crois qu'il pleut, et ma croyance est fidèle *(verläßlich),* je puis avoir confiance en elle'. Comme si ma croyance était une sorte d'impression des sens » (RPP I, 114). On retiendra le fait que l'auteur insère la Photographie (une photo) au sein d'un contexte (croyance en l'efficience d'un *sense datum*), où elle « jure » de façon criante.

*Sense datum* & image photographique se trouvent rangés sur un même plan : peut-on les tenir pour fiables quand on leur confie la mission de restituer une « impression sur mon esprit » ? De cela, Wittgenstein n'a pas tort de douter. En termes de virtualité s'évoque cette croyance (*Glaube*). D'accord, on peut croire cela, personnellement ; peut-on le faire accroire à autrui ? En conséquence, la Photographie ne peut garantir qu'une chose : elle se trouve incluse en un jeu de langage, du fait que son *nom* s'y trouve mentionné, sans rien garantir d'autre que le mot « Photographie » tient lieu (suppose pour) d'un art. À propos de celui-ci, aucune proposition ne peut assurer sa fiabilité.

« Si je *dis* à quelqu'un ce que je *pense* – ai-je là une connaissance de mes pensées meilleure que celle que mes paroles lui en font voir ? Est-ce comme si je connaissais un *corps* et ne montrais à l'autre qu'une photographie ? » (RPP I, 131). Indépendamment des enjeux sous-jacents présentés lors de la première phrase de cet extrait, Wittgenstein montre une distinction capitale, déjà envisagée. Une image photographique ne détient pas la faculté de pouvoir se substituer à quoi que ce soit. Entre un corps (référé) & une image photographique (référent), seules des relations imaginaires-imaginées peuvent s'établir.

Les expériences sensibles caractéristiques y afférant (espace physique, espace plastique) ne peuvent pas se recouvrir ; leur discrétion ne peut pas s'abolir suite à un coup de baguette magique. Encore une fois se vérifie la « loi » de la Photographie, selon laquelle aucune image *photographique* (référent) ne peut actualiser une lieutenance (*Vertretung*) de quelque chose (référé) que ne comprend pas son espace plastique, à tous les sens du mot « comprendre ».

Une semblable impossibilité d'accomplissement figuratif se produit. Le *Cahier Brun* prend l'exemple d'une plaque photographique enregistreuse, nantie d'un spectre sensible élargi à d'autres rayons que les visibles (CB II, 219). Or cet exemple est choisi pour montrer une défection d'ampleur égale au fait suivant, dans la mesure où l'on s'attend à ce que la Photographie accomplisse des fonctions matérielles, dépassant totalement ses compétences intrinsèques. Les *Leçons sur l'esthétique* révèlent : « J'aurais aussi à expliquer ce que font nos photographes de nos jours – et pourquoi, fût-ce pour un million de francs, il vous est impossible d'avoir une photographie correcte de votre ami » (L, 26, cf. ch.V).

Sans devoir s'appuyer sur un autre document (RC, 56-57), où s'envisage le cas hypothétique d'une image photographique apte à conserver trace des couleurs naturelles (d'un référé, celles désignées « locales » par Roger de Piles), conçues en termes de ressemblance (*Ähnlichkeit*), une image photographique ne peut que défaillir à remplir un contrat d'ordre figurativo-imaginaire. On l'a vu & l'on y reviendra plus tard, la Photographie ne détient, en l'occurrence, qu'une faculté (semblance) : celle de sembler. La « correction » de l'image ne doit se concevoir qu'en « corrigeant » l'esthétique photographique, de telle manière qu'elle puisse accomplir des « miracles ».

À supposer qu'on procède comme on le croit communément, à savoir à inférer que la Photographie possède l'aptitude surprenante de produire des images ressemblantes (alors que l'auteur montre, en L, 26, qu'elle échoue systématique en cette tâche), qu'en advient-il du cas où l'on stipulerait que les images photographiques conservent des traces, des marques, des signes (spatio) temporels ?

Évoquant la différence entre reproduction mécanique & copie intentionnelle (*intended copying*, CC I, 125), Wittgenstein exclut toute éventualité que la Photographie participe de l'un ou de l'autre. Même si l'on projette d'obtenir une image photographique « correcte » (« de » quelqu'un, L, 26), cette intentionnalité se voit dans l'incapacité irrémédiable de pouvoir s'actualiser. On peut donner l'ordre à la Photographie de ressembler, de préserver des signes temporels, spatiaux, & se heurter, comme le cardinal de Polignac en présence du orang-outang de la Ménagerie Royale, à l'absence de réactions élémentaires. L'apathie, doublée d'une apraxie, voici la résultante d'un ordre reçu, tel que la Photographie est capable de pouvoir l'exécuter.

Il en va de même lorsqu'on envisage l'hypothèse que la Photographie parvienne à mettre en rapport (*Zusammenhang bringen*) des événements passés (*Ereignissen*, EP, 278). Pour mener à terme une telle fonction, il faudrait admettre que, d'elle-même, la Photographie autorisât ses images à s'y prêter. Autrement dit, elles seraient sommées de renoncer à sembler, à faire abstraction d'elles-mêmes (en tant que référent, objet esthétique virtuel), afin de fournir des visions, à partir desquelles on inférerait l'accomplissement d'une telle fonction.

Même d'un point de vue grammatical, la proposition d'une « mise en rapport des événements passés » ne peut être tenue qu'à condition d'envisager son sens, en se gardant bien de tenter de le « mettre en rapport » avec ce que la Photographie actualise sous les traits de manifestations de son champ de sensibilités.

Telle erreur d'estimation, concernant les facultés esthétiques de la Photographie, pourrait trouver son origine en la confusion courante suivante. « Mais imaginer est-ce la même chose que voir ? Une représentation est-elle une sorte d'image ? *(Is an image a kind of picture?)* (CC III, 12 ; cf. ch.V & VI). Toute la question est de pouvoir montrer que même en faisant l'objet d'une appropriation symbolique empathique, il n'en demeure pas moins pour autant que cette sorte de considération des images plastiques ne peut en rien les affecter, les modifier, les altérer.

À cette occasion, ce qui se dégage concerne la nature d'un état de conscience : la lucidité de chacun d'entre nous. Nous seulement imaginer n'est pas voir, mais, au surplus, cas déjà envisagé (ch. II), voir n'est pas regarder. D'ailleurs, que signifierait la formule : « Je regarde cette représentation » ? Ce qui se situe sous un regard se présente-t-il (*dargestellt*) sous les traits d'une représentation ou sous ceux d'une image (plastique) ? Wittgenstein insiste pertinemment sur le fait qu'une image photographique ressortit au genre des productions plastiques prédisposées à manifester une présentation (sensible, exprimée en termes de semblance), non une représentation.

Avant de s'adresser aux « yeux de l'esprit », une image photographique commence toujours, imperturbablement, par interroger notre regard, en le soumettant à des conditions de visibilité telles qu'un étonnement s'ensuit, susceptible de relancer notre faculté de penser.

Pêchées de-ci, de-là, de petites excursions tenteront de renforcer ces positions difficiles à édifier, tant il est vrai qu'elles ne laissent pas de soulever maintes objections de la part de ceux qui se figurent que la Légende dorée de la Photographique traduit sa véritable conception : celle pour laquelle mots & choses, artificiellement harmonisés, permettent d'envisager leur permutation, leur échangeabilité réciproques.

« Une photo de lui ne fera pas l'affaire ; car comment allons-nous savoir qui elle représente ? » (CB II, 85). Grâce au passage suivant, l'auteur affine cette remarque. « Considérez l'analogie de ce cas avec celui où je parle de Smith et où il n'est pas là. Je dispose d'un certain nombre de photographies sur lesquelles sont indiqués des noms, et je les regarde les unes après les autres pour savoir qui est Smith. Ici, ce que je fais est sous la seule dépendance de ce que l'album photographique me montrera » (PHI II, 220).

Combinée avec la problématique formule (image « de »), se trouve désignée une localisation sensible. En clair, aucune image photographique ne peut garantir, représenter, mettre en rapport avec quelque chose – qu'elle-même. Son autosuffisance sensible se renforce lorsqu'il est question d'identifier, non une image photographique (référent), mais une personne (Smith, par exemple).

Ne connaissant que l'image, on ne peut connaître ce dont on *dit* qu'elle tient lieu (référé). La connexion entre image (référent) & mot (dépiction d'un référé hypothétique, contingent) connaît une motivation d'ampleur comparable à celle qu'on infère entre un mot & une personne. En ce sens que ce genre de relation, imaginairement établie entre deux incompatibles, se trouve dans l'impossibilité de montrer sur quelles raisons elle a pu être instaurée.

À bien des égards, symptomatiquement en Photographie, le champ de force sensible des images, outre leurs manifestations d'instauration esthétique, ruine tout chimérique dessein de pouvoir les considérer comme susceptibles de réaliser des fonctions qui, pour la plupart, ressortissent au domaine des compétences du langage ordinaire.

Pourquoi ne pas compter des gens figurés sur une photo pour s'assurer du nombre qui s'y trouvait à un moment donné dans cette pièce (CC III, 270) – tout en sachant que compter des figures (référées) ne peut en aucun cas garantir que ce nombre correspondît à celui d'un groupe de personnes, alors que l'on s'efforce tout simplement de décalquer un champ physique (illimité) sur un champ plastique (obligatoirement délimité) ? De ce qu'il y a tant de vagues sur la mer, il doit s'ensuivre qu'on puisse les décompter en dépôt à la surface d'une image photographique…

On le verra en temps utile, mais on peut déjà en prendre note. Pour l'usager des pratiques sociales de la Photographie, la ressemblance des productions se caractérise par diverses modalités d'accomplissement fonctionnel (dupliquer, substituer, représenter…). Conserver trace d'événements survenus dans le « courant de la vie » découle d'une représentation d'usage du langage, qui annonce que, ressemblant à Albert, en sus « son » image photographique en préserve le souvenir. Seulement, dès lorsqu'on entreprend des expérimentations artistiques, tels « phénomènes » n'ont jamais l'heur de pouvoir se produire. Est-ce que la Photographie serait réfractaire aux fonctions dont on dit qu'elle les accomplit ?

« Un événement laisse une trace dans la mémoire : c'est ce qu'on imagine bien souvent, comme si l'événement consistait dans le fait de laisser après lui une trace dans le système nerveux, une impression, une séquelle. Comme si donc on pouvait dire : les nerfs ont aussi une mémoire. Mais dès lors, lorsque quelqu'un se souvient d'un événement, il faudrait qu'à partir de cette impression, de cette trace, il *conclue (erschließen)* à cet événement. Quoi qu'un événement puisse laisser derrière lui dans l'organisme, ce n'est pas le souvenir » (RPP I, 60).

Cette remarque doit être complétée par la suivante, puisée au même ouvrage : « L'image que j'ai dans le souvenir n'est pas la preuve évidente de cette situation passée, comme le souvenir n'est pas la preuve évidente de cette situation passée, comme le serait une photographie, prise autrefois, qui me convainc aujourd'hui que les choses étaient alors ainsi. L'image du souvenir et les mots du souvenir sont sur le *même* pied » (RPP I, 232 ; F, 164 ; endroits déjà convoqués ch. II).

La discussion touchant la nature d'un souvenir ne peut s'envisager ici. Par contre, on retiendra celle concernant ce que pourrait *faire* la Photographie & ce qu'on *dit* qu'elle « fait ». Trois ordres de considérations se succèdent ainsi : 1) image dans le souvenir, 2) souvenir & 3) image photographique. Prudemment, Wittgenstein indique : on peut croire (se convaincre) qu'une image photographique conserve un état de choses, dont on se souvient. Par ailleurs, on lit : image du souvenir & mots du souvenir se situent sur un même pied *(gleicher Stufe)* ; même niveau, F, 164). Cette conclusion stipule explicitement qu'une image photographique se manifeste *autrement* que les deux entités précédentes.

À supposer qu'on ne sache pas encore si une image photographique peut se substituer à un souvenir en en restituant une trace, on doit admettre que cette éventuelle fonction, imputée à la Photographie, empêche celle-ci de relever & de l'imagerie (psychologique) & du langage. Une expérimentation artistique ne peut pas *montrer* qu'une image photographique puisse dépendre de fonctions imaginatives ni de fonctions linguistiques.

Or en un autre endroit, Wittgenstein doute qu'une image photographique puisse garder trace de couleurs naturelles (RC, 56-57), du fait de sa constitution poïétique transpositive. D'un référé à un référent, on passe d'un espace physique à un espace plastique ; entre eux, plus aucune relation ne saurait s'établir. Pour rétablir ce genre de relation il faudrait modifier notre considération esthétique de la Photographie, en prétendant qu'il s'agit d'un « art plastique », émancipé de devoir se conformer à l'obligation d'une constitution poïétique. Qu'est-ce qui s'oppose rationnellement au triomphe de cette conception scopique (medium transparent, cf. infra) de la Photographie ? Peut-on affirmer que des images photographiques puissent supporter des signes temporels (par exemple, ceux relatifs à l'histoire d'un référé) ?

« Vous pourriez aussi bien considérer ce cas : 'Comment vous souvenez-vous du moment où cela s'est produit ?' Ici également nous pensons que l'image-souvenir porte en elle-même une marque temporelle » (CC III, 212). Par rapport à ce qu'on a observé jusqu'à présent, si une image photographique partage quelque trait avec une image-souvenir, c'est que ni l'une ni l'autre ne permettent de déceler en elles des marques temporelles (ou spatiales). « Il n'y a pas de signe local à la sensation. Pas plus qu'il n'y a de signe temporel à une image de la mémoire (signes temporels dans la photographie) » (F, 126 ; RPP II, 14).

L'expression « *Zeitliche Merkmale an der Photographie* » (RPP II, 14) ne doit pas être entendue comme une affirmation d'existence relative à de tels « signes temporels » livrés par une image photographique. Au contraire, elle doit être acceptée telle un défi insurmontable. Aucune expérimentation artistique ne peut parvenir à la saisie de telles marques temporelles. Ces dernières doivent être nécessairement inférées – mais ce au détriment de l'esthétique photographique. Car afin de parvenir à de telles performances imaginatives, on devrait pouvoir aboutir à quelque chose comme ce que cet aphorisme (7 novembre 1916) consigne : « C'est un peu comme si l'on voyait l'objet référent *avec* le temps et l'espace référé, au lieu de le voir *dans* le temps et l'espace ? » (CA, 155).

L'auteur des *Carnets* enjoint quiconque à ne pas confondre ou faire fusionner espace plastique & espace physique. Aussi aucun signe temporel ne peut transiter de l'un à l'autre, & réciproquement. Car, à ce compte-là, des possibilités de modifier l'espace physique (d'un référé) pourraient être mises en œuvre. L'image photographique deviendrait susceptible d'affecter, d'altérer le monde ! On déboucherait alors sur un scénario de prestidigitation ou de manipulation magique.

Une expérimentation artistique est décidément incapable de déborder du cadre de l'espace plastique d'une image photographique. Ce qui se trouve sous un regard en cette circonstance particulière ne peut souffrir aucune influence en provenance de l'extérieur (espace physique). Ni le temps ni l'espace (physiques) modifier, ou même « toucher » une image plastique. L'autonomie de son champ de sensibilités photographiques ne détient aucune faculté rétensive, voire restitutive, de signes spatio-temporels, dans la mesure restrictive où ceux-ci concernent des représentations d'usage du langage, à l'abri de toute tentative d'appréhension artistique.

Dans ses *Recherches philosophiques* (II, xi), Wittgenstein conclut : « Certaines choses relatives à la vision nous semblent énigmatiques, parce que la vision en elle-même nous semble trop incompréhensible.

« Si vous regardez une photographie (référent de personnages, de maisons, d'arbres référés), jamais vous ne perdrez la sensation de l'espace. Il vous serait malaisé de décrire une photographie comme une collection de taches de couleur sur une surface (description des formants d'une semblance) ; mais ce que nous voyons dans un stéréoscope paraît spatial d'une autre façon encore » (TI, 345). Cela signifie vraisemblablement ceci.

Si l'on regarde une image photographique sous l'angle de ce dont on *dit* qu'elle figure (référé), on doit nécessairement suspendre toute activité esthétique, ne pas suivre la démarche d'une expérimentation artistique, focalisée sur la manifestation sensible de l'image. Une vision suffit, susceptible de faire allusion à une figuration plastique d'espace physique. On obtient une intuition de semblance fictive, sans que celle-ci puisse s'actualiser sous forme de manifestation esthétique (modification de nos conditions de visibilité).

Encore que cette intuition ne dépasse pas le stade du soupçon où l'on supposerait que l'on ait affaire à une altérité sensible en présence d'une image photographique, au lieu de dire & de croire qu'on est en présence d'une représentation figurative, il demeure quand même qu'un sentiment de différence sensible subsiste lorsqu'on compare une image photographique (plastique) à une image stéréoscopique (illusionniste). Pourtant, ce sentiment de différence sensible entre ces images pèse peu dans la balance chargée d'estimer le poids sémiotique entre une image vaguement semblante & une image franchement illusionniste (stéréoscopie).

À juste titre, si passer d'une image à l'autre, en se fiant à ce type de considération , cela dénote un dessein d'accomplissement figuratif , c'est d'abord parce qu'on se fie « aveuglément » aux performances élucidatrices des procédures de dépiction ordinaire ; c'est ensuite, & surtout, parce qu'en considérant ainsi des images photographiques, on doit faire le deuil de leur appréhension sensible & se consoler comme on peut, en se livrant à des modalités d'appropriation symbolique à partir d'images dont on peut dire qu'elles ne sont pas encore, qu'elles ne seront vraisemblablement jamais, *photographiques*. L'esthétique photographique wittgensteinienne devient alors en mesure de montrer ostensiblement que, pour le commun des mortels, la Photographique soit demeurée « la grande Inconnue du monde moderne ».

À un autre endroit, Wittgenstein épure son investigation esthétique à propos des soi-disant signes de localisation, susceptibles d'être supportés par une image (photographique) plastique. « L'idée de signes de localisation est totalement erronée. Il y a une idée similaire, celle qui veut que nous déterminions par signe temporel l'événement |référé| dont nous nous souvenons qu'il s'est produit en premier lieu. L'image de moi chez l'épicier se décolore (à l'instar d'une photographie) plus que l'image de moi à l'*Union* » (CC III, 82).

Si d'ailleurs (TI, 319), il est question du jaunissement d'une image photographique pouvant en indiquer l'ancienneté, cette remarque permet de déterminer avec pertinence une identification abusive (erronée) avec une réaction physico-chimique, dont il est impossible de déterminer en toute objectivité si elle ressort d'une défaut de confection (accident au cours du traitement chimique), d'une altération physique (humidité), d'une exposition lumineuse prolongée, voire au concours de tous ces accidents, qui ne concernent pas forcément une action temporelle (pas plus que la possibilité de fixer des signes de localisation grâce au biais d'images photographiques), mais bien un « lieu » (champ de sensibilités photographiques) protégé, préservé de tels risques accidentels, tant il est vrai qu'entre image plastique (référent) & image représentative-figurative (référé), aucune relation sûre ne saurait s'établir –même accidentellement.

Ce qui vaut pour l'espace, pour le temps physique, vaut *a fortiori* pour le mouvement (cf. Rodin cité par Valéry), irréversiblement infigurable, inimitable (EP, 154). Voici ce qu'articule la remarque suivante. « En d'autres termes, si la façon idéale de faire apparaître ce qui est vu est de le restituer dans une image photographiquement (métriquement) exacte, alors on pourrait être tenté de dire : 'Je vois le mouvement, et je *remarque (merke)*, d'une façon ou d'une autre, la joie' » (RPP I, 220).

En envisageant cette éventualité conditionnelle, on ne lit pas que la Photographie parvient à l'obtention de résultats aussi spécialisés (elle se cantonne à manifester une semblance) : restituer une vision en des conditions métriques exactes (« façon idéale de apparaître ce qui est vu »). Car si tel était le cas, « on pourrait être tenté de dire… ». Mais justement, si une image photographique ne peut ni figurer ni imiter (EP, 154) un mouvement, à plus forte raison l'esthétique photographique doit bien se garder d'inférer quoi que ce soit, laissant sous-entendre que ses productions puissent montrer quelque mouvement que ce soit, permettant de rapporter quelque sentiment à l'exhibition d'un tel mouvement (un chien remuant la queue en *dit* autant que le tableau du futuriste Balla : « La main du violoniste » ou « Dynamisme d'un chien en laisse », 1912, « imitation » de chronophotographies de J.-E. Marey).

Il en va de même pour la vision d'un mouvement instantané (*augenblicklieche Bewegung*). « Qui voit un mouvement ne voit nullement la position à tel instant *(Zeitpunk)*|. Il ne pourrait la figurer *(Er könnte sie nicht abbilden*) » (IE, 21). Non seulement l'esthétique photographique ne se résout pas spécialement aux tâches incombant à une expérience visuelle, mais surtout elle se caractérise par un recours à des expérimentations artistiques allant dans le sens inverse d'une démarche qui, au lieu de se contenter de ce qui se trouve sous un regard, imaginerait des « visions » qu'une image photographique ne pourrait irréfragablement susciter de son propre chef.

Une indication d'impossibilité identique se trouve mise en œuvre par la remarque suivante : « La question revient donc à celle-ci : Le vécu *(*das *Erlebnis*), l'« instant » *(Augenblick)* qui échappe à la prise, *se* l*aisse-t-il* fixer dans le signe ? » (DIC I, 157).

Tout ce qu'on peut livrer à ce sujet concerne un sentiment, une impression – dénués de tous fondements rationnels, & qui ne regardent en rien le sens d'une démarche d'investigation esthétique, à plus forte raison la Photographie. Tout cela touche l'empathie à laquelle on se range lorsqu'on se satisfait de procéder à des appropriations symboliques. Conclusion provisoire, permettant d'aborder la question de la ressemblance (*Ähnlichkeit*) pour l'esthétique *photographique* : « De quoi pourrait bien avoir l'air la description de la représentation d'une sensation de mouvement ? » *(Wie könnte nun die Beschreibung des Vorstellung einer Bewegungsempfindung ausschauen* ?) (RPP II, 32).

Impossible d'affirmer que l'esthétique photographique de Wittgenstein puisse se déterminer, d'une manière ou d'une autre, par rapport au sentiment de ressemblance ni de ses formalisations verbalisées ordinaires. Elle se déterminerait plutôt par un changement de considération, en faveur de laquelle, en se fondant sur des expérimentations artistiques, nombreuses & quelquefois bien difficiles à mettre en œuvre, cette esthétique montrerait de quelle façon la question de la ressemblance ne serait pas une question d'ordre « esthétique » (cf. l'esthétique d'Adam Smith, évoquée *infra*, ch, VI).

C'est dire que supputer quelque participation de la Photographie à un accomplissement figuratif ressemblant supposerait qu'on tienne pour certaine l'opinion stipulant une définition des images photographiques en termes de « medium transparent ». A ce propos, Wittgenstein suggère le protocole d'expérimentation suivant.

« La question est : Comment notre champ visuel doit-il être constitué s'il doit nous montrer un medium transparent ? Comment, par exemple, la couleur du medium doit-elle s'imposer ? Si nous parlons de façon physicienne – bien qu'il ne s'agisse pas ici immédiatement pour nous de lois physiques – il faudrait alors qu'à travers un panneau de verre d'un vert pur tout apparaisse vert, d'un vert plus ou moins sombre. Le ton le plus clair serait celui du medium. Ce que l'on voit à travers a donc quelque ressemblance avec une photographie. Si l'on transpose cela sur le cas d'un panneau de verre blanc, alors tout devrait apparaître comme photographié, mais dans les tons qui se situent entre le blanc et le noir. Et pourquoi devrions-nous refuser de nommer *blanc* un tel panneau de verre – s'il en existe ? Y a-t-il quelque chose qui s'y oppose ? Est-ce que l'analogie entre les panneaux de verre coloré d'une autre couleur se brise ici quelque part ? » (RC, 52-53).

Des problèmes d'esthétique aussi ardus que celui-ci, Wittgenstein se contente de les poser, sans nécessairement les résoudre, en indiquant parfois quelques solutions. Dans le cas retenant actuellement notre attention, on peut globalement remarquer deux choses : le problème d'une transparence du medium &, sous-entendu, les conditions de possibilité à réunir pour pouvoir affirmer que la Photographie puisse soumettre des productions (référents) ressemblantes (à des référés). On s'arrêtera au premier cas, lorsqu'on évoque un panneau de verre vert.

De quoi est-il question effectivement ? Se trouvent posées deux choses : d'un côté, un panneau de verre vert, certes transparent, mais reposant sur un opération (altérante) de transposition (*Übertragung*). Une transfiguration esthétique se produit, assujettie aux propriétés sensibles du medium, rendant celui-ci plutôt « translucide » que transparent, puisque aucune transposition ne saurait être à l'abri de devoir procéder par altération (de conditions de visibilité réservées à des référés).

D'un autre côté, on trouve une ressemblance entre ce qui paraît avec un panneau de verre & ce qui se montre grâce à une image photographique. On ne peut pas éluder le fait que la Photographie, procédant par constitution poïétique de ses images (altérantes), rate son contrat de ressemblance & échoue à se manifester sous forme d'un medium transparent. Ce qui subsiste de quelque chose (référé), une fois formalisé en image photographique (référent), montre évidemment que la Photographie ne relève pas des cas de figure (idéaux), caractérisables en termes de transparence du medium ou de ressemblance.

Si la Photographie pouvait assumer la fonction de ressembler (à un référé), en sus des apparences figurées, elle pourrait nous restituer des sentiments (comme dans le cas d'une image figurant un chien remuant la queue pour exprimer son contentement ; RPP I, 220). Peut-on seulement supposer la chose possible ?

« Quels moyens permettent-ils de réduire cette impression ? Quels sont nos moyens de description ? L'on dit que nous avons toutes sortes d'images des sensations : Imaginez une chaise, imaginez la tristesse de Malcolm, imaginez la tristesse que suscitent chez Malcolm ceci et cela. Quel salmigondis !! Nous ne prétendons pas pour autant qu'il est absurde de parler d'ombres de tristesse. Mais en parler n'est pas donner une explication, c'est simplement exprimer différemment la compréhension que l'on a de la tristesse de quelqu'un d'autre » (CC III, 208).

Peut-on montrer ainsi comment il se fait que l'on ait pu prêter à la Photographie des qualités qui, d'ordinaire, relèvent de la psychologie (fonction imaginative) & des représentations d'usage du langage, au sein desquelles la ressemblance semble jouer un rôle important, même s'il paraît fluctuant ?

Prenons l'exemple d'un genre iconographique courant, le portrait, puis essayons d'élucider quelle place occupe chez lui la notion de ressemblance – ce, dans la perspective d'une esthétique photographique. « Le critère d'un portrait n'est pas dans la ressemblance, car il y a de bons et de mauvais portraits. Dans un portrait, est présupposée une ressemblance d'un type particulier ; ce qui fait d'un portrait un portrait est l'intention » (CC I, 36, 42).

En d'autres termes, l'expérience (si tant est qu'elle en soit une réellement) de la ressemblance *ne dépend pas* de ce que *montre* une image (référent).Elle se trouve intentionnellement induite par la fait qu'on ne retienne de l'image que sa faculté esthétique de sembler (des référés). D'où, si l'on veut, une « légèreté » des jugements fondés sur la ressemblance, dans la mesure où ils doivent s'établir sur des sentiments (personnels, privés, psychologiques), en évitant qu'ils découlent d'une procédure d'expérimentation artistique. On a *l'impression* qu'une image ressemble (à un référé), alors que ce sentiment intentionnel provient d'une projection psychologique (vision), dédiée à une image (photographique).

« Dire cela n'est pas nécessairement vain. –'Qu'est-ce qu'un bonne photographie ? ' 'Une photographie qui ressemble à un homme'. Nous expliquons l'expression « bonne photographie » au moyen de « ressembler », etc. Cela convient parfaitement si nous savons ce que veut dire « ressembler ». Mais si la technique qui permet de comparer l'image référent à la réalité référé n'a pas été établie, si l'emploi de « ressembler » n'est pas clair, alors dire cela ne sert à rien. Car il peut exister bien des techniques de comparaison différentes et bien des espèces différentes de ressemblance. On peut, par exemple, dire qu'une chose ressemble à une autre si elle en est la projection ; mais il existe bien des modes différents de projection – bien des manières de représenter un objet » (CF, 60-61).

Sans doute serait-il prématuré d'exclure le critère de ressemblance du domaine de l'esthétique photographique. Tant il est vrai que la coutume (habitus) de l'employer dans les usages sociaux de la Photographie laisse présager une mise en œuvre de résistances opposées à cette exclusion. Pourtant, à un moment ou à un autre, on devra trancher. Consolidons donc notre édification d'une esthétique photographique wittgensteinienne en repassant sur l'observation suivante, figurant dans les *Leçons et conversations sur l'esthétique*.

« J'aurais aussi à expliquer ce que font nos photographes de nos jours et pourquoi, fût-ce pour un million de francs, il vous est impossible d'avoir une photographie correcte de votre ami » (L, 26). En termes de convenance ou de correction, que semble sous-entendre Wittgenstein (fragment interrogé autrement, ci-dessus) ?

Question éminemment « esthétique ». Pourtant, de quels arguments dispose-t-on afin de l'étayer de raisons ?

Par quel truchement peut-on inférer qu'une image photographique (référent) ressemble à quelque chose (référé) ? L'auteur des *Leçons* vient déjà de lever quantité d'objections (CF, 60-61). Grammaticale, pour commencer : qu'entend-on par ressembler ? Esthétique : comment procède-t-on à des comparaisons ? Fonctionnelle : au nom de quel principe peut-on considérer une image photographique en tant que résultant d'un mode de projection ? En tous cas, à défaut de raisons arguées, l'incertitude, le flou prévalent.

À présent, le dernier argument (L, 26) dénote une problématique artistique obvie. La correction d'une image photographique concerne sa référence immanente à son art : la Photographie. Serait « correcte » l'image qui exhiberait un moment des sensibilités photographique rendant ainsi hommage à la spécificité artistique de la Photographie. Or si l'image s'affaire à manifester des conditions de visibilité qui lui sont propres - & qu'on attend d'elle qu'elle remplisse son contrat artistique d'instauration esthétique -, une telle performance sensible mobilise tant d'énergie (champ de force plastique de l'image) qu'en assument sa « responsabilité » artistique de se présenter comme témoin de son art (Photographie), elle se voit forcée de renoncer à combler d'autres attentes, à l'exclusion de celle-ci. En résumé, la Photographie ne saurait servir deux maîtres à la fois : & l'art & les sentiments de ceux qui en reçoivent les productions.

Au surplus, à une conception *statique* de la ressemblance, comme si celle-ci se manifestait en permanence, on aurait tout intérêt à la recentrer, en tentant de l'insérer à l'intérieur des cadres d'une expérimentation artistique. « 'J'ai remarqué la ressemblance peut-être pendant cinq minutes'. 'Au bout de cinq minutes je n'ai plus remarqué la ressemblance, mais au début c'était très fort'.

« 'Au bout de cinq minutes la ressemblance ne m'a plus frappé *(aufgefallen)*, mais au début c'était très fort' » (IE, 32).

Notons d'abord que Wittgenstein reproduit des expressions ordinaires. Elles touchent la transmission de sentiments, d'impressions –elles ne garantissent nullement qu'elles dépendent d'une expérimentation artistique effective. En fait, elles dénotent, la suite paraît le corroborer, une expérience vécue personnelle, transposée sur le plan du langage.

« 'Elle ne me frappe plus', mais que se passe-t-il quand elle me frappe ?

« Eh bien je regarde le visage de telle et telle façon, je me dis (ou je dis à autrui) telle et telle chose, je forme telle et telle pensée. Mais est-ce là le caractère *frappant (Auffallen)* de la ressemblance ? Non, ce sont les *phénomènes* de l'« être frappant » *(Erscheinungen* des Auffalens), mais ces phénomènes *sont* 'ce qui se produit'. 'Etre frappant' est une autre sorte de concept que 'phénomène de l'être frappant' (du reste apparenté à ce dernier) » (IE, 32). En conclusion de quoi, force est de devoir se ranger à la raison suivante :

« Mais dire et penser ne sont-ils pas de *nature (Art)* différente, et penser n'est-ce pas être frappé ? » (IE, 32).

L'horizon de l'esthétique photographique se dégage de moment à moment. Pour l'énoncer en termes prosaïques, on pourrait dire que l'image photographique qui n'étonne point, en bouleversant nos conditions de visibilité, doit accepter le deuil de son accomplissement artistique légitime.

Arraisonnée aux formules suggérées par les modes d'appropriation symbolique de l'empathie, une carrière de compensation s'ouvre à elle, sous les espèces des pratiques sociales de la Photographie. C'est dire, en substance, que la question de la ressemblance en Photographie ne peut s'envisager qu'en termes de reprise langagière personnalisée, en aucune façon s'inscrire au programme d'une investigation *esthétique* de la Photographie.

Alors que la ressemblance « regarde » chacun d'entre nous, individuellement, en revanche la Photographie ne peut décidément pas la manifester au regard de quiconque, dès lors que ce sentiment de ressemblance provient & se transmet par l'intermédiaire de propositions, de jeux de langage, de représentations d'usage du langage.

Ainsi pour en revenir à la question d'une image photographique « correcte » (L, 26), on peut interroger le problème de l'incomparabilité (entre référent & référé). Ceci se laisse lire comme un principe applicable à la mise en œuvre d'une expérimentation artistique. « Ne prends pas la comparabilité *(Vergleichbarkeit)* comme allant de soi, mais l'incomparabilité *(Unvergleichbarkeit)* » (RM, 94).

Dit autrement : « Voir les différences a pour moi un sens beaucoup plus important que voir l'identité « (EP, 72). En ce cas, on peut tenir pour artistiquement correcte une image photographique, celle qui se montre (*dargestellt*) sous les atours d'une semblance altérante, tant incomparable que différante.

Se pose encore la question de pouvoir déterminer quelle part de responsabilité incombe à une image photographique (référent) « frappante » & celle qui revient de droit à qui prononce un verdict de ressemblance dite « frappante ». « Je commence à voir la ressemblance quand elle me « frappe » ; mais est-ce que je la vois ensuite aussi longtemps que je vois les objets semblables ? Ou bien seulement tant que je suis *conscient (bewußt)* de la ressemblance ? » (RPP II, 14)). Grâce à cette remarque éclairante, on devient capable d'identifier & de localisation *qui* frappe & *où* ça frappe –sans compter sur une précision concernant les circonstances grâce auxquelles peuvent se rencontrer des situations frappantes.

Les pratiques sociales de la Photographie tiennent pour archiprobables les liens de filiation entre référé & espace physique (la photo « de »...). N'annonce-t-on pas qu'une photo réalise ce type de relations désignées par la fonction de lieutenance (*Vertretung*) ? Ce qui frappe, ce n'est pas l'image (référent), mais cette virtualité fonctionnelle. Où la ressemblance s'accomplit-elle ? Certes pas *dans* l'image (ce néant d'objet selon Sartre), mais *sur* elle, par voie de projection imaginative (schéma fonctionnel de l'empathie). En quelles circonstances ? Une appropriation symbolique de photo fera amplement l'affaire, dès lors qu'elle permettra d'inférer ce phénomène (*Erscheinung*, IE, 32) & de le rendre ainsi conscient, *(bewußt)* RPP II, 14).

L'esthétique de Wittgenstein dispose d'une considération différente, rendant apparemment justice à ce qui peut se trouver sous le regard de tous. A la question : qui frappe? on peut répondre en toute quiétude : la constitution poïétique d'une image. Où ça frappe ?, incontestablement au regard de quiconque. En quelles circonstances ?, à l'occasion d'expérimentations artistiques en lesquelles s'engage un regard en but de participer à l'assomption sensible « frappante » de cette image. Ainsi se trouve renforcée la différence irréductible séparant expérimentation artistique d'appropriation symbolique, différence parallèle à celle rendant irrémédiablement incompatibles espace plastique & espace physique

« La grammaire des mots « chaise » et « représentation de chaise » et leur relation grammaticale sont beaucoup plus compliquées qu'il n'y paraît au premier regard. Cette relation n'est pas correctement représentée quand on compare (*Gleichnis*) l'objet (référé) et l'image (*Bild*) référent, c'est-à-dire l'objet dans l'espace (physique) et la photographie (dans son espace plastique). Le réalisme et l'idéalisme donnent deux représentations fausses de cette grammaire et de cette relation grammaticale, et sont par là même induits en erreur par la question : qu'est-ce que véritablement cette chaise ? » (DIC I, 163 ; cf. ch.IV, V).

C'est explicitement écrit, l'esthétique de Wittgenstein se trouve du côté des essais de clarification, en démasquant un certain nombre de confusions communes, telle celle stipulant que la fonction de ressemblance incombe naturellement au programme « esthétique » (esthétisant) de la Photographie. Pas plus de ressemblance que de représentation.

« La relation représentative consiste dans la correspondance des éléments de l'image et des choses » (TN, 39) (« *Die abbildende Beziehung besteht aus den Zuordnungen der Elemente des Bildes und der Sachen* », T0, §2.1514, 17). Ainsi, si la « correction » d'une image photographique peut s'envisager, en changeant sa considération fonctionnelle ordinaire au bénéfice d'une considération artistique, pourquoi en irait-il autrement de la question de sa « vérité » ?

« Ce que l'image, même si elle est incorrecte, doit avoir en commun avec ce qu'elle reproduit *(abgebildeten),* est la forme, c'est-à-dire la possibilité de sa structure.

« L'image *vraie (wahre)* a en outre en commun avec ce qu'elle reproduit la *structure* » (WCV, 221).

Comment peut s'effectuer la reproduction d'une structure de quelque chose (référé) par le biais d'une image (référent), avec l'assentiment de l'art ? « *Kunst ist besser als Wahrheit* », proclamait Nietzsche en son temps. Toutefois la question ne concerne pas la vérité d'un art ou la supériorité de l'art sur la vérité. Elle regarde celle d'une image plastique vis-à-vis de ce qu'elle est censée reproduire.

A supposer qu'une image puisse être tenue pour « vraie », elle doit cette qualité à sa teneur de vérité (*Wahrheitsgehalt*), exprimée sous forme de manifestation d'instauration esthétique (conditions de visibilité imprévues), permettant une expansion & un enrichissement du champ de son art (Photographie). Peut-être dite « vraie » toute image photographique pouvant montrer comment la Photographie a pu *participer* à son assomption esthétique.

C'est à peu près en ces termes que peut s'entendre la remarque suivante : « On pourrait s'imaginer une portrait négatif – un portrait qui serait *censé* représenter ce à quoi *ne* ressemble *pas* M.X. » (Ce serait donc un mauvais portrait si M.X. y était ressemblant » (F, 89). Ne pouvant que sembler, on ne saurait attendre de la Photographie que des portraits « négatifs ».

Ceci peut paraître absurde ou inacceptable. En revanche, si l'inverse parvenait à se produire, que la Photographie permît une production d'images reproductrices des apparences & de la structure de ce dont on dit qu'elles tiennent lieu, on serait obligé de reconnaître à de telles images le pouvoir extraordinaire, exorbitant, non seulement de restituer des apparences (apparitions phénoménales), mais de surcroît leur essence – de manière à pouvoir prétendre à la vérité. Une photo « de » Laetitia Casta me suffirait pour passer du bon temps avec elle !

De telles extravagances proviennent de l'erreur soulignée par ce fragment. « Il se peut qu'au départ, nous disposions d'une technique (appropriation symbolique) déterminée pour savoir si une photographie ressemble ou non à un homme. Il se peut également que nous étendions cette technique. En ce cas, il peut exister de nombreuses techniques différentes que nous pourrions décider de nommer toutes des prolongements de l'ancienne technique » (CF, 61).

Pascal l'indiquait ; une simple erreur de calcul (stratégie de considération) dans la tenue d'un livre de compte fausse toute estimation possible. A vouloir décider à la place de la Photographie ce que ses images sont capables de montrer, on débouche sur une représentation (*Vorstellung*) fantastique de ses facultés esthétiques.

À raisonner ainsi, on ne tient aucun compte du fait que la Photographie constitue ses images sur un plan poïétique, de telle manière que ce qu'elles semblent montre qu'elles procèdent par transposition de référés. « Si je dis « Il fera froid cette nuit », la pensée véritable est en moi – je ne puis vous en donner une traduction. J'ai l'énoncé – je vous donne une photographie » (CC III, 9).

« *I give you a photograph* » reflète convenablement cette observation relative aux limites des compétences imaginées propres à la Photographie. Entre ce qu'on infère lorsqu'on dit qu'une photo ressemble à quelque chose (référé) & ce dont on peut en entreprendre une expérimentation artistique, se duplique l'exemple absurde selon lequel en immergeant une photo « de » quelqu'un se produirait nécessairement sa noyade (cas de fétichisme opérant par magie sympathique : *attractio similium*). De ce qu'une image photographique peut manifester sensiblement, on ne peut rationnellement rien inférer d'autre que ce qu'elle essaye de « dire ». Imaginez une photo criant au secours !)

Raison pour laquelle Ludwig Wittgenstein peut envisager la circonstance suivante. « À la question : « Que voyez-vous ? », je puis répondre : (i) « M. Untel », ou (ii) Faire un portrait. Dans le second cas, tout ce que je connais est le portrait |référent| - mais non qu'il s'agit du portrait de M. Untel |référé|. La distinction que nous faisons est patente *(obvious)*. Elle correspond à l'extension d'un cas déjà connu. Quand on met en cause le fait que je vois un arbre, je dessine un arbre » (CC III, 190 ; cf. ch. IV).

Seulement, avec la circonstance présente, on n'a rien à prouver – pas plus qu'une image photographique n'intercède en faveur d'une quelconque référé. Si la distinction entre référent & référé, l'auteur la qualifie d'obvie, il convient alors d'abandonner la considération imaginaire, qui confère à la Photographie le titre de championne de la ressemblance.

Verdict incontestable : « A bien des égards, les photographies *ne* ressemblent *pas* aux originaux » (CC III, 74, 147, 268), à placer en parallèle avec ce qui suit :

« Mais il n'y a pas de ressemblance entre l' « apparence » et la « sonorité ». Il n'y a pas de ressemblance entre la musique de Beethoven et son nom. Vous pouvez avoir l'impression *(You may feel)* que 'la musique s'accorde *(goes rightly)* avec le nom', mais il ne s'agit pas de ressemblance » (CC III, 287).

Et ce qui vaut pour l'exemple précédent d'un cas d'inférence sympathique, vaut également pour ce qu'on suppute à partir de figures peintes, en leur prêtant des tailles & des distributions spatiales *physiques*, alors qu'elles ne peuvent être appréhendées que sur un plan plastique (WRF, 158) – voire, à la rigueur, sur un plan iconographique, iconologique.

« Nous ne jugeons pas les images, nous jugeons au moyen des images. Nous ne les examinons pas pour elles-mêmes (référent), mais nous examinons autre chose (référé) ou n'importe quoi à notre convenance avec elles. [...]

« L'image (référent) de l'assemblage (référé) n'est pas un assemblage ; l'image de la décomposition n'est pas une décomposition (marcher avec des photos « de » chaussures aux pieds, voilà où mène l' « esthétique » de Heidegger) ; l'image d'une adéquation n'est pas une adéquation. Et pourtant ces images sont de la plus haute signification. *Voilà à_quoi cela ressemble* quand on assemble, décompose, etc. » (WRF, 200 ; cf. ch.V).

* * * * *

La conclusion de ce troisième chapitre, on la confiera à quelques observations générales, notamment en se penchant sur divers cas d'attentes, caractéristiques de ce qu'on a voulu présenter comme quelques pièces à verser au dossier de cette « histoire » *(muthos)*, de cette « Légende dorée », narrant des prouesses illusionnistes que l'esthétique photographique de Wittgenstein rétablit au niveau de leurs prétentions illusoires.

D'aucuns protesteront contre le procédé consistant à décerner la palme du mérite au philosophe de Cambridge. Or ils se méprendraient en interprétant ces propos à titre de panégyrique de l'auteur du *Tractatus*. Ils se méprendraient surtout sur la personne, sur sa probité morale, incontestable.

Effectivement, on n'a pas affaire à la livraison d'une considération personnelle relative aux sentiments qu'inspire la Photographie. Bien au contraire. Wittgenstein montre aux yeux de tous que si l'on projette d'aborder la Photographie, on doit commencer par aménager de telles conditions réceptives particulières, de manière à pouvoir se mettre à l'écoute de ce que des images photographiques ont à « dire ». En l'occurrence, Galton les a-t-il entendues de cette oreille ?

On essayera de la voir grâce à ce qui suit, l'esthétique photographique de Wittgenstein comporte des phases de nettoyage, de décapage, appliquées à des représentations d'usage du langage (« images »), afin de restituer aux images leur éclat originel terni. A force, ça finit par porter ses fruits.

L'onde se fait une route

En s'efforçant d'en chercher :

L'eau, qui tombe goute à goute,
Perce le plus dur rocher.

Quinault, *Atys*, 1676, Acte IV, scène V.

Auteur des *Inquiries into Human Faculty* (Londres, 1883), cofondateur de l'eugénisme de sinistre mémoire, Francis Galton, parent de Darwin, revient souvent sous la plume de Wittgenstein. De l'ensemble de ces occurrences, on ne retiendra que celles concernant les problèmes des images composites, du point de vue des arts plastiques & de l'esthétique photographique.

L'exemple d'une image photographique composite semble avoir attiré l'attention de notre philosophe, en but d'essayer de résoudre quelques difficultés d'élucidation, *a priori* sans guère de rapport avec l'esthétique. Pourtant, on tentera de dégager quelques traits caractéristiques, susceptibles d'enrichir la conception de l'esthétique photographique de Wittgenstein.

Fondée sur une distinction wittgensteinienne entre figurer (*auszumalen*) & représenter (*vorzustellen*), la notion de vraisemblance (*eikôs*, *Wahrscheinlichkeit*) semble correspondre à l'image photographique composite, conçues & expérimentée par Galton (le procédé remonte au milieu du XIXe siècle).

Le processus est simple. Il s'agit de superposer différents clichés sur une même plaque photographique (un même résultat peut être obtenu en laboratoire en superposant divers négatifs sur une seule surface de tirage). Dans l'ensemble, la plupart des références au procédé photographique de Galton se trouvent mentionnées sous forme d'analogies à autre chose.

Tantôt, l'image sert d'exemple à la figuration d'une idée générale (CB, 49 ; L, 143 ; PHI III, 11), tantôt, elle est citée pour ses caractéristiques plastiques d'assemblage (DIC I, 60), comparativement à ce que suggère la loi de probabilité (GP, 233 ; RP, 279) ; enfin, les limites en sont envisagées selon un protocole permettant d'obtenir une image composite à partir de cent expressions de la conviction (PHI I, 139).

Ces trois aspects des références aux images photographiques composites (assez proches de celles obtenues par Marey ou Muybridge) fonctionnent entre eux sur le procédé employé par Galton. En tous cas envisagés, la résultante se conforme au principe d'une vraisemblance. On pourrait dire, croire, concevoir… telle ou telle chose en procédant ainsi,

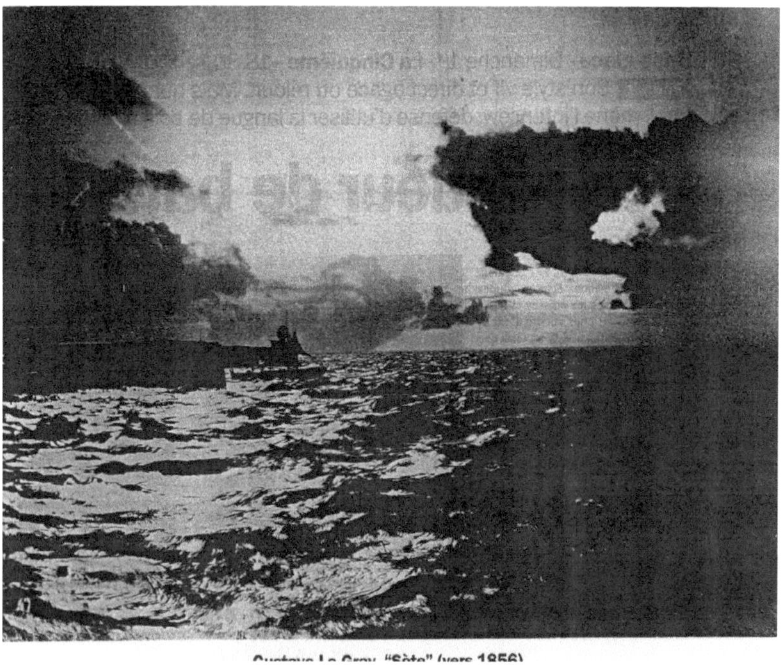

GUSTAVE LE GRAY, « Sète » (vers 1856)

Cette image photographique peut paraître correspondre à une vue « naturelle ». Or il s'agit d'une image synthétique, « artificielle ». Elle fut obtenue par un procédé de « masquage ». L'écart de luminance entre hautes lumières (« ciel ») & basses lumières (« mer ») étant trop élevé, Le Gray a commencé par exposer les basses lumières ; ensuite, au moyen d'un masque il a exposé les hautes lumières avec un temps d'exposition supérieur de manière à obtenir une image « équilibrée », approximativement conforme à une vue naturelle. Pourtant, nulle part ailleurs qu'à la surface de cette image photographique ne peut se rencontrer une telle répartition des valeurs. Ainsi peut se montrer de quelle manière les manifestations des sensibilités photographiques se caractérisent par leur autosuffisance.

On ne dépasserait jamais le stade des opinions probables, vraisemblables. Il se pourrait que les choses se présentent ainsi ; toutefois, à ce propos, rien ne peut être avancé qui ressortisse à un cas de certitude.

Pourtant, ce que l'on peut tenir pour certain est que la référence au procédé de Galton peut se justifier par des raisons d'ordre plastique & esthétique, indépendamment des cas où l'exemple d'une image photographique composite peut conférer une analogie, voire une allusion suggestive à autre chose (comment se présente la notion d'idée générale : CB, 49 ; CC II, 98 ; d'éthique : L, 143 ; PHI III, 11, de probabilité GP, 233 ; RP, 279).

Effectivement, rationnellement étayée, la distinction esthétique entre image photographique (référent) & ce qu'elle semble (référé) se retrouve partout. Qu'il s'agisse d'une idée générale de feuille d'arbre (CB, 49 ; CC II, 98), d'une définition de l'éthique (L, 143 ; PHI III, 11) ou de la loi de probabilité (GP, 233 ; RP, 279), dans la mesure où une image photographique composite ne peut figurer (*auszumalen*), sembler, grâce à sa figurativité (*Bildhaftigkeit*) immanente, & non pas représenter (*vorzustellen*).

L'efficience plastique & sensible de cette figurativité s'exprime en termes de modification de nos conditions de visibilité, sous les traits d'une image présentant (*darzustellen*) au regard des contours flous (CC II, 98 ; GP, 233 ; RP, 279) explicitement mentionnés, implicitement (partout). À vrai dire, le procédé d'assemblage (*Gesbild*, DIC I, 60) spécifie une constitution immanente, spécifiquement *photographique*, permettant l'obtention d'images (*semblantes*) qu'on peut estimer pour leur vraisemblance, non prendre pour des copies (*Abbildung*), des représentations (*Vorstellung*, *Vertretung*), en somme : des modèles réduits reproduisant quelque chose appartenant au monde physique.

Wittgenstein ne va pas seulement suggérer de s'en tenir au monde des manifestations d'instauration esthétique, il va surtout montrer ce que la Photographie ne permet pas d'obtenir. Aussi celle-ci promeut-elle des images semblantes, autonomes vis-à-vis de ce qu'on imagine qu'elles figurent, autant la constitution poïétique immanente détient une probabilité extrêmement faible de parvenir à créer une image photographique, susceptible de restituer une image composite de la conviction à partir de cent vues en passant pour des expressions différentes (PHI II, 139).

À cette quasi impossibilité rédhibitoire se joint une difficulté d'ordre à la fois esthétique, à la fois philosophique. Pour une investigation philosophique, de quelle utilité est cette « vision synoptique » (*übersichtliche Darstellung*) si elle s'avère indissociable des « brouillages » de la vue (CC II, 98 ; GP, 233 ; RP, 279…), exprimés en termes de contours flous ou d'obligation de devoir cligner des yeux ?

Cette question se pose avant tout pour des raisons esthétiques, afin de montrer qu'une image photographique, même en procédant par assemblage (*Gesbild*), ne détient pas la faculté de pouvoir déborder les limites de son espace plastique (champ de sensibilités photographiques) pour aller se fondre : soit au domaine des choses (espace physique), soit au domaine des idées (métaphysique).

Contrairement à ce que laissent supposer les prétentions scientifiques de Galton, Wittgenstein nous livre une leçon de modestie, en proposant une considération de l'esthétique photographique en accord avec les limites « fonctionnelles », spéciales à la figurativité photographique (semblance suscitant des modifications des conditions de visibilité).

« Qu'y a-t-il sous mon regard ? » (CA, 100), voilà la voie permettant de ne pas prendre des désirs pour des réalités. Eprouver ses propres bornes sensibles ou de compréhension revient alors à « mettre la robe à l'envers » de l'idole Photographie, telle qu'elle se trouve parée d'atours féeriques, minutieusement décrits par une foule de glossateurs, contribuant allègrement à la pérennité de sa Légende dorée.

Finalement se pose la question de savoir comment la Photographie peut se laisser photographier, telle qu'elle se présente à travers ce qu'on croit pouvoir en dire, sans même supposer qu'elle ait son mot à « dire » sur la nature d'un tel procédé de substitution. Ainsi devient-on en droit de s'interroger sur les procédés requis afin de photographier (« prendre ») la Photographie (RPP I, 113).

La remarque mentionnée ci-dessus reproduit un cas de rétention altérante, tel qu'il se passe lorsqu'on décrit par des mots un état d'esprit, alors que cette description s'avère être une affirmation indirecte de l'état de fait lui-même (« *Beschreibung ist hier indirekt eine Behauptung des geglaubten Tatbestandes selbst* ») auquel on croit (ibid.).

Cette question d'une « prise », de « prendre » en photo la Photographie, s'apparente à un défi, non plus artistique, mais à un véritable « miracle », à l'instar de celui de la *Véronique* (Saint Suaire de Turin), « véritable relique christique », telle que Jacques de Voragine en a diffusé la légende (*Legenda aurea*, « La passion du Seigneur… », IIe moitié du XIIIe siècle, éd. Roze, pp.267-268). Aussi, seule une anthropomorphisation (*reductio ad hominem*) permet de *dire* qu'on peut photographier la Photographie (CC III, 150, 270).

Si en matière de prise de vue photographique, Ludwig Wittgenstein prônait l'importance de la simplicité (DCL, 131), Drury admet que tous deux n'étaient pas spécialement doués pour obtenir des images photographiques potables (DCL, 146). Au reste, cela n'a pas grande incidence pour la compréhension de l'esthétique photographique, telle que sa philosophie la suggère – à condition de modifier la considération coutumière de la Photographie.

En revenant sur le métier, le chapitre suivant va aborder la façon courante d'appréhender des images photographiques, en feignant (ou en refusant, en négligeant) de les soumettre à des expérimentations artistiques.

La toile renferme tout l'espace, et il n'y a personne au-delà.
Diderot, *Pensées détachées sur la peinture.*

# CHAPITRE IV
## « Simuler » une expérimentation artistique

> « La campagne encore verte et riante, mais défeuillée en partie et déjà presque déserte, offrait partout l'image de la solitude et des approches de l'hiver. Il résultait de son aspect un mélange d'impression douce et triste trop analogue à mon âge et à mon sort pour que je ne m'en fisse pas l'application. »
>
> Jean-Jacques Rousseau, *Les rêveries d'un promeneur solitaire*, II.

> « Non, rien de personnel, rien qui tienne à l'intérêt de mon corps ne peut occuper vraiment mon âme. Je ne médite, je ne rêve jamais plus délicieusement que quand je m'oublie moi-même. Je sens des extases, des ravissements inexprimables à me fondre pour ainsi dire dans le système des êtres, à l'identifier avec la nature entière. »
>
> Ibid., VII.

Si les pratiques sociales de la Photographie mettent en œuvre des modes d'appréhension fondés sur un principe d'appropriation symbolique empathique, cette coloration uniforme d'un tel habitus, avec sa procession d'attentes ciblées dont quelques-unes furent évoquées lors des précédents chapitres, cette tendance prégnante ne peut rien supposer au fait qu'une investigation *esthétique* de la Photographie puisse s'échafauder sans devoir obligatoirement s'y soumettre, ou devoir lui rendre des comptes.

La façon de penser de Wittgenstein n'inscrit pas à son programme un défi de quelque autorité que ce soit. Elle suscite des conflits « intérieurs », donnant des raisons nécessaires à une constante modification de nos façons de penser. Elle ne choque jamais autant que lorsqu'elle dépouille de ses travestissements imaginaires un « objet » (amoureux) qu'on croyait « posséder » (*libido potentis*). Wittgenstein ne suggère rien d'autre que de débarbouiller la Photographie de ses fards imagés, qui nous la figuraient docile & soumise « bonniche » (*ancilla domanae*), aux services d'une satisfaction de fantasmes privés. Arracher la Photographie à ses prétendants, au raisonnement solipsiste, n'a d'intérêt que si ces derniers prennent part à cette tentative d'enlèvement.

Quand on lit simuler encadré par des guillemets, on se figure qu'aucune volition n'y participe. Tout se déroule sur un plan insu. Tant il est vrai que les représentations d'usage du langage n'ont pas pour vocation de se mettre au service des agents qui précipiteraient leur ruine. Ainsi, au lieu de gaspiller encore de l'encre & du papier en but d'expliquer ce qu'on découvrira sous le titre de ce chapitre, il paraît plus économique d'entrer directement en matière. Au fait.

« Par exemple, je puis regarder une photographie en me concentrant sur l'expression du visage *(|Ausdruck des Geschichts)*, m'en délecter pour ainsi dire, sans rien dire ni à moi ni à quiconque.

« Je laisse les yeux sur la photographie me parler. C'est peut-être la première fois que je vois l'image comme un visage réel *(als wirkliches Gesicht*). 'Entre dans l'expression *(Ausdruck)*'. Ne demande pas : « Que se passe-t-il là ? », mais : 'Que fait-on d'une telle expression *(Äußerung)*?' » (RPP I, 211).

Ce fragment a ceci de remarquable : il renferme pratiquement tout ce qu'on va passer en revue au cours de ce chapitre. Aussi, si l'on s'y attarde un peu, cela permettra de « gagner » du temps & de la place pour la suite. En montrant les différents moments qui le composent, on devrait parvenir à dégager ce qui relève d'une expérimentation artistique & ce qui en dénote une « simulation » (ou son absence).

Trois phrases distinctes du processus d'appréhension peuvent s'observer : 1) une expérimentation artistique sommaire, tentée à partir d'une image (photographique) ; 2) une tentative d'appropriation symbolique de l'image ; 3) une « épreuve de réalité » (*Realitätsprüfung*, Freud), permettant de mesurer ce qu'exprime (« dit ») l'image par rapport à ce qu'on *annonce* qu'elle exprime.

La considération de l'esthétique photographique wittgensteinienne permet de déceler une procédure de déplacement-dissimulation (*Verstellung*), mise en œuvre par toute appropriation symbolique des images & qui ne peut se conclure que par un silence (prudent) ou par du verbiage (cédant aux séductions du langage, faisant un lit à la verbosité).

Ainsi, au commencement, régnait le silence, le même qui clôt ce fragment, avec, en sandwich, une phase de babillage. Lorsqu'est évoquée une concentration sur l'expression du visage, il va de soi qu'on a affaire à une transposition plastique, exprimable en termes de figurativité. Il s'agit d'une expression *semblée*.

Sa manifestation sensible peut procurer une délectation (fin suprême de la peinture, chez Nicolas Poussin), pouvant culminer jusqu'à susciter un émerveillement *(thaumazein).* On demeure de plain-pied avec les cadres d'une expérimentation artistique, sans nécessiter d'autre expression que ce que cette image (photographique) a à « dire ».

Soudain, ce fragile équilibre bascule. « Je laisse les yeux sur la photographie me parler » (« *Ich lasse die Augen der Photographie zur mir sprechen* »). Arrêt sur image. Que signifie : « les yeux sur la photographie » ? Car toute la subtilité de cette investigation esthétique consiste à montrer des « contra-dictions ». Aussi, la richesse de cette formule, on le verra, « travaille » autant à son succès qu'à sa perte.

Aucun regard ne rencontrera une paire d'yeux en contemplant une vraie image *photographique* avec, disposés à sa surface, des yeux (sauf si on les a découpés & que quelqu'un se trouve derrière, l'image jouant un rôle de masque). L'image ne montre pas des yeux, comparables à ceux que je puis contempler en envisageant ma fille (de chair & d'os).

J'imagine que je *vois* ce que je suis incapable de *regarder*, *a fortiori d'envisager*. A ce moment-là, je puis fermer les yeux, l'image photographique peut disparaître, les « yeux » ne s'effaceront pas plus que celui qui poursuit Caïn jusqu'à la nuit du tombeau. Quand on déclare : « Je laisse les yeux sur la photographie me parler », on admet, du même coup, que cette éventuelle possibilité se solde par une impossibilité rédhibitoire. On ne peut que feindre une telle occurrence d'expression (*Ausdruck*). La raison ?

C'est que l'expression incriminée s'est déjà manifestée sous les traits d'un silence. Certes existe le soliloque, mais ce n'est pas de lui dont il est question. L'expérimentation artistique de l'image photographique a permis de monter sa figurativité *exprimée* sous les espèces d'une manifestation des sensibilités photographiques, caractérisée par une faculté de *sembler* (quelque référé que ce soit, en l'occurrence, ici, une semblance de « visage »). Ce *qu'exprime* l'image, ce qu'elle « dit », elle le montre, en modifiant les conditions de visibilité d'un regard.

Dit autrement, à supposer qu'on désire « écouter » ce que les « yeux » semblés par une image photographique pourraient être susceptibles d'« exprimer », on devrait renoncer à la regarder, puisque pour faire « parler les yeux » sur l'image, on doit les en arracher, avec une violence non dissimulée, étant donné qu'il s'agit de réduire l'image au silence (ce qu'elle a à « dire »), afin d'imaginer une fiction d'expression. Après l'anéantissement sensible de l'image, on se crève les yeux pour mieux voir. Le moyen ?

On ne désire rien moins qu'une fusion assimilatrice (cf. l'exergue de Rousseau) – simulée entre référent (image photographique) & référé (un visage semblé), le second supprimant, purement & simplement, liquidant le premier. « C'est peut-être la première fois que je vois l'image comme un visage réel » (« *Ich sehe das Bild vielleicht zum ersten Mal, als wirkliches Gesicht* »). La clé de l'énigme de cette proposition se trouve facilement localisable en « comme » (« *als* »).

Ce rêve d'une osmose entre espace plastique & espace physique s'autorise grâce à cette conjonction (« comme »), signalant une comparaison (impossible, dès lors qu'il s'agit d'une *coincidentia oppositorum*, voire d'un quasi oxymore rhétorique). Mais alors, interroge Wittgenstein, en raison de quoi cette conjonction acquiert-elle une quelconque validité ?

Le fossé infranchissable qui sépare ce qu'*on* dit & ce *qui* se montre (en l'empêchant de « dire ») va atteindre des profondeurs vertigineuses. Le fossoyeur de service ? Un des officiers patentés des représentations d'usage du langage. Un témoin de cette déplorable scène pose une injonction cruciale : « Entre dans cette expression » (« *Gehe auf den Ausdruck ein* »). Autrement dit : cesse de faire semblant, d'agir comme si tu pouvais « voir l'image comme un visage réel ».

Je te défie de pénétrer une telle expression, étant donné qu'en définitive il y a tout lieu de douter qu'elle puisse pouvoir s'accomplir comme telle. On ne demande pas pour quelle(s) raison(s) on s'est cru autorité à procéder à une appropriation symbolique d'une image photographique. On exige, en compensation des ravages sensibles perpétrés, en toute impunité, une réponse « pragmatique ».

Admettons qu'on apprécie ou qu'on privilégie l'empathie (*Einfühlung*) par-dessus tout, en cette éventualité désastreuse (puisque la Photographie demeure imperturbablement « la grande Inconnue du monde moderne »), qu'on réponde au moins à cette question : « Que fait-on d'une telle expression ? » (*Was tut man mit dieser (Äußerung)* ? »). Si avec le premier cas « expression » traduit « *Ausdruck* », avec le second cas « expression » traduit « *(Äußerung)* ». Tentons de tirer au clair ce que sous-entendent ces deux « expressions » & ce qu'elles impliquent comme conséquences pour l'investigation esthétique wittgensteinienne de la Photographie.

La précision des mots & la validité des usages des mots s'avèrent d'une importance capitale. L'original en allemand présente trois occurrences traduites en français par expression. Or les deux premières renvoient au concept *Ausdruck*, tandis que la dernière réfère au concept. *Äußerung.* Couramment, on traduit *Ausdruck* par : expression, énonciation, verbalisation, désignant par-là qu'on a affaire à un problème de langage. Quant à Äußerung , concept esthétique, on devrait le traduire par manifestation (sensible), ce qui se montre (*dargestellt*), « ex-pression » (stase sensible « ressortant » d'une image), ou tout simplement, semblance. A partir de cette mise au point, capitale pour l'esthétique photographique selon

Wittgenstein, on pourrait reformuler ainsi ce fragment (RPP I, 211).

« Par exemple, je puis regarder une image photographique en me concentrant sur la dépiction dénotant une figuration (semblance) de visage, m'en (de la tâche dépictive ou visionnaire) délecter pour ainsi dire, sans rien en dire ni moi ni à quiconque.

« Je laisse les yeux (référés) sur l'image photographique me « parler » (par le canal d'une appropriation symbolique empathique). C'est peut-être la première fois que je considère l'image photographique (référent) à l'aune d'un visage effectif (référé). 'Entre dans ce qui s'énonce'. Ne demande pas : « Que se passe-t-il là ? », mais : 'Que fait-on d'une telle manifestation esthétique (semblance, sensibilités photographiques) ?'. »

On perd en élégance ce qu'on gagne un peu en clarté. Wittgenstein montre ostensiblement qu'entre ce qu'on verbalise (*Ausdruck*) à propos d'une image photographique & ce que cette image « dit » *(Äußerung)* – ce qu'elle « répond », en fait, au regard qui l'interroge au cours d'une expérimentation artistique, on a affaire à deux *modus significandi*, radicalement séparés l'un de l'autre : d'un côté, ce qui concerne les affaires du langage *(Ausdruck),* d'un autre côté, ce qui a trait aux processus de manifestations esthétiques *(Äußerung)* .

En fonction de ce que l'on a noté, on examinera un certain nombre de cas de figure montrant que si l'on peut parvenir à mettre en œuvre des dispositions favorables à une expérimentation artistique de ce qui se manifeste sur un plan esthétique. Que cette expérimentation soit insue, évitée, ignorée, dédaignée, refoulée…, ce fait ne doit pas interférer sur la démarche investigatrice d'une esthétique photographique. Jamais se laisser intimider par des mots, fût-ce des mots d'ordre, des slogans.

Si l'on suivait la « règle » suivante de façon constante, ce chapitre aurait dû être supprimé. S'il subsiste, c'est qu'une coutume inverse prévaut, vraisemblablement au détriment de ceux qui l'honorent sans trop se poser de question. « Nous distinguons le fait de voir un dessin comme un visage, de celui de le voir comme quelque chose d'autre, ou comme « de simples traits » (Aristote, *Poétique*, IV, 48b 18-20). Et nous distinguons aussi jeter un coup d'œil superficiel sur un dessin (en le voyant comme un visage), de laisser le visage faire sur nous toute son impression » (CB II, 254-255).

Le passage de la *Poétique* d'Aristote donne à lire : « … en effet, si l'on aime à voir des images, c'est qu'en les regardant on apprend à connaître et on conclut ce qu'est chaque chose comme lorsqu'on dit : celui-là, c'est lui. Car si on n'a pas vu auparavant, ce n'est pas la représentation qui procurera du plaisir *(mimèma paései tèn hèdonèn),* mais il viendra du fini dans l'exécution, de la couleur ou d'une autre cause de ce genre » (éd. Dupont-Roc & Lallot). Même s'il serait erroné de faire dépendre l'esthétique wittgensteinienne de l'esthétique aristotélicienne, par quelques aspects, entre elles peuvent s'établir des points de convergence (cf. fin du ch.V).

« Imagine quelqu'un à qui la vue d'un dessin ou d'une photographie répugnerait, parce que, dirait-il, un homme sans couleur est détestable. TI, 338 […]

« Pense à notre réaction devant un bonne photographie, devant l'expression d'un visage dans la photographie *(Gesischtsausdruck der Photographie* : dépiction d'un référé semblé). Il pourrait y avoir des hommes, qui, dans le meilleur des cas, ne verraient dans un photographie qu'une sorte de diagramme, ainsi que nous considérons les cartes géographiques ; desquelles nous pouvons tirer beaucoup de renseignements sur le paysage. Mais nous ne pouvons pas, à la vue de la carte, admirer (par exemple) le paysage, ou nous écrier : « Quelle vue magnifique ! »

« Etre « aveugle à la forme » *(Gestaltblinde)* doit constituer une anomalie de ce genre » (RPP I, 48).

Considérer l'esthétique photographique concernée par des problèmes de projection, tels qu'ils paraissent en certaines représentations graphiques normées (plan, carte routière, diagramme, schéma…), constitue un handicap, difficilement surmontable lorsqu'on cherche à mettre en œuvre une appréhension esthétique & artistique de ces images.

Wittgenstein montre, comparaison à l'appui (DIC1, 142), que les espaces plastiques du dessin, de la Photographie, du croquis coté, des figures géométriques…, encore que proches parents, ne procèdent pas à des manifestations sensibles similaires. Sinon ces genres de productions plastiques permettraient d'établir des principes d'échangeabilité entre elles. Or, justement, seule leur incomparabilité prévaut, conférant à chacune de ces images une autonomie, une autosuffisance sensible (L, 70).

Grâce au fragment suivant, Ludwig Wittgenstein établit qu'une esthétique *photographique* demeure inconcevable, impossible à mettre en œuvre (expérimentations artistiques), si l'on ne tient pas compte : d'une part , que référent & référé ne font pas appel à des modalités d'appréhension communes (sensibilité & imagination) ; d'autre part, que tout mode d'accomplissement figuratif ou mode d'appropriation symbolique se fonde sur des conventions idiosyncrasiques, tenues pour des opinions, des jugements, des croyances présentant un caractère d'universalité fallacieuse (*upolèpsis*, Aristote).

« On accroche des tableaux, on expose des photographies de paysages, d'intérieurs, d'êtres humains, et nul ne les considère comme des plans de travail *(Werkzeichnungen)*. On aime les regarder comme on aime regarder les objets mêmes *(Gegenstände selbst)*; on rit en voyant une photographie, comme on le ferait de l'homme qu'elle montre. Nous n'apprenons pas à comprendre une photographie comme nous le faisons pour un bleu d'architecte. Il serait à vrai dire possible que nous devrions apprendre, avec peine, à comprendre une technique de reproduction *(Abbildungsart*), pour pouvoir ensuite nous en servir comme une image naturelle. Alors, cet apprentissage laborieux *(mühsame Lernen*) ne serait plus que notre *histoire (Geschichte*) et nous serions capables de traiter cette image exactement comme nous traitons maintenant une photographie » (RPP I, 208 ; TI, 338).

L'exemple ici proposé : apprendre à « lire » un bleu d'architecte comme une image photographique, stipule qu'il s'agit là d'accomplir une prouesse ou un tour d'adresse *personnels*. On n'a pas affaire à un mode d'acquisition régulier, institutionnalisé. Ce que cet effort laborieux procure s'apparente à ce qui caractérise le savoir pour Roland Barthes : « Le savoir, comme la saveur, meurt avec le corps » (*Leçon*, librement cité).

Simili-herméneutique, ce genre de « sapience » ne trouve aucune place disponible, inscrite au programme d'une esthétique photographique – pas plus que l'habileté à trousser des dépictions (*Ausdruck*) de référés ne peut pas restituer par quel genre de manifestation sensible

(Äußerung) ces « phénomènes » figuratifs ont l'heur de nous plaire, dès lors qu'on tient pour vraisemblable qu'ils nous « regardent ».

Cette discrétion entre différents espaces plastiques, nécessitant des modes d'appréhension spéciaux, au lieu de *lire* n'importe quelle image en se conformant aux schèmes abréviatifs d'une iconicité, cette précaution, capitale pour une esthétique photographique, Wittgenstein y revient souvent (CC III, 147, 268, &c.). Elle se trouve liée au fait de ne pas savoir regarder une image plastique (photographique). On peut faire l'annonce (*Ausdruck*) : « La photographie d'un homme ressemble *(looks like*) à cet homme. La projection de Mercator de la carte du globe est aussi une image, mais elle ne ressemble pas *Äußerung* | à ce dont elle est l'image » (CC III, 147).

Seulement, comme ce fut indiqué à plusieurs reprises, le fait de se borner à une appropriation symbolique des images photographiques oblige, à défaut de mettre un regard au banc d'essai d'une expérimentation artistique, de recourir à des « visions », autant mêlées de vues réelles qu'imaginaires, dont la verbalisation (*Ausdruck*) se base sur une courante représentation d'usage du langage.

Or, objecte Wittgenstein : « En regardant la photo je ne dis pas 'On pourrait y voir un homme'. Ni, en regardant le F : 'On pourrait y voir un F' » (RPP II, 108 ; cf. ch.II, V). On ne regarde pas ce qui relève d'une manifestation sensible *(Äußerung)* lorsqu'on se contente de dépeindre ce que l'on dit (*Ausdruck*) « voir ». L'image ne se trouve pas regardée comme une image, mais comme un quasi signe, un symbole d'intercession situé entre nous & des choses de l'espace physique, soi-disant représentées par ces entités iconiques.

« Mais aucune image ne convient à quoi que ce soit (*is right of anything*). N'est-il pas juste de dire qu'ils mécomprennent l'image ? Une image n'est qu'un symbole » (CC III, 127). D'où le corollaire suivant : « Mais vous n'entendiez par là rien de tel que la photo de quelqu'un prise par erreur pour celle de quelqu'un d'autre, n'est-ce pas ? C'est une image d'une espèce différente, elle a un emploi différent. Dire qu'une image tient lieu *(stands for)* de quelque chose d'autre, c'est commettre encore une fois la même erreur. Devrions-nous dire que, comparés aux chiffres, les nombres sont intangibles ? En fait, dire qu'ils sont intangibles n'a pas plus de sens que de dire qu'ils sont tangibles. Ce que vous voulez dire a trait au concept et non au mot » (CC III, 127, cité fin du ch.I, VI). *No comment.*

À présent, on se penchera encore sur ce mécanisme de projection, en y prêtant une attention accrue. En effet, qui dit projection, entend qu'une similitude puisse être établie entre une image (référent) & ce dont on dit (*Ausdruck*) ou ce qu'on tient pour sa projection (référé).

« La similitude varie en fonction du mode de projection ; mais nous avons tendance à supposer, lorsque nous employons un mot, un mode de projection particulier, celui que nous supposons quand nous regardons une photographie. De ce point de vue, c'est à peine si nous pouvons parler de « similitude » entre moi et mon reflet dans un miroir concave » (CC I, 50 ; cf. ch.II). Outre le fait que cette remarque coïncide chronologiquement avec l'époque où Wittgenstein fait la connaissance de Lettice Ramsey (cf. ch.I), cette observation, mise en contraste avantageusement grâce au reflet projeté dans un miroir concave, montre en quel état de négligence se trouvent ordinairement considérées les expérimentations artistiques, portant préjudice, incontestablement, au devenir d'une esthétique *photographique*.

On affirme qu'en matière de similitude, le « mode de projection » photographique atteint des performances élevées, quasi parfaites. Mais ce qu'on dit à ce propos ne peut se vérifier qu'en examinant la correction grammaticale d'une proposition. Entre proposition & image photographique s'établit une telle similitude invraisemblable qu'elle reviendrait à poser que la Photographie photographie la phrase & vice versa, alors que la proposition projette l'illusion de similitude sans devoir s'en justifier, sans recourir à une expérimentation artistique.

Selon l'usage courant du procédé, on devrait pouvoir établir une relation (similitude) sûre entre référent & référé. Or Wittgenstein a déjà montré que la Photographie ne procédait ni par accomplissement figuratif, ni par effectuation fonctionnelle quelconque (cf. fin du ch.III).

Doit pouvoir se repenser l'investigation esthétique en considérant le statut sensible des productions, avec ce qu'elles sollicitent au moment où elles se trouvent appréhendées. « Qu'est-ce qu'une image |interroge le philosophe de Cambridge vers les années 1930 ? Originairement, ce mot signifie l'image peinte, ou dessinée, la gravure, le patron, la photographie, etc. » (DIC 1, 256). En termes de constitution poïétique s'oriente cette définition générale de l'image plastique.

Devient image ce qui fut *formé* par un art ; elle nous informe, par la même occasion, à quelles particularités de champ plastique se rangent & cet art & ces productions. Dès le départ (« originairement ») si l'on fait abstraction de cette considération préalable, on obtient toutes les chances disponibles afin de pouvoir simuler une expérimentation artistique. Avant d'être traitée comme une « projection », une image photographique « demande » (exige ?) d'être abordée, en priorité, en tant que production plastique & manifestation sensible de la Photographie.

D'autres occurrences similaires se présentent ailleurs, avec la Photographie comme objet de préoccupation (RPP I, 209, 211). Toutefois, celle qui montre clairement que la Photographie ne procède pas par mode de projection serait la suivante – permettant d'apporter un terme à ces discussions oiseuses. « En d'autres termes, si la façon idéale de faire apparaître ce qui est vu est de le restituer dans une image photographiquement (métriquement) exacte, alors on pourrait être tenté de dire : 'je vois le mouvement, et je *remarque*, d'une façon ou d'une autre, la joie' » (RPP I, 220 ; cf. supra, ch.III).

Un recours au conditionnel bloque d'entrée de jeu la possibilité d'affirmer quoi que ce soit. Au surplus, on lit effectivement qu'on a affaire à une façon idéale de faire apparaître quelque chose que la Photographie n'est pas capable d'accomplir ni de manifester. « D*ie ideale Darstellung des Gesehenen* » s'applique de manière obvie à souligner que cette faculté n'appartient pas au domaine de l'esthétique photographique, qu'elle dépend d'une simulation imaginative, ne coïncidant pas du tout avec les conditions de possibilité caractéristiques des expérimentations artistiques.

Car, indépendamment des incompatibilités conceptuelles & processuelles entre simulation imaginative (vision idéale) & expérimentation artistique effective (concrètement exécutée par un regard), on devrait s'interroger sur le sens à donner à des locutions telles celle d'«une image photographiquement (métriquement) exacte », dans la mesure où, sauf en des cas exceptionnels, quoique toujours métriquement inexacts, la Photographie se voit dans l'incapacité absolue de remplir un tel contrat d'exactitude. Et que dire encore des conséquences qui, soi-disant, peuvent se tirer de telle performance représentative ?

Au moyen de l'observation suivante, Wittgenstein restitue en quelles conditions se mettent en œuvre des expériences imaginaires (empathiques), affairées avec des images photographiques. « Ou même : certes, c'est là la caricature d'un visage humain, mais d'un visage qui, justement, est possible dans la réalité ». – De même exactement que l'on aurait aucune peine à voir, dans les blancs et les gris d'une photographie, un visage humain. – Et où tout cela nous mène-t-il ? Eh bien, nous regardons par exemple un film et nous suivons toutes les péripéties comme si nous y étions ; comme si nous avions devant nous des hommes réels » *(als hätten wir wirkliche Menschen vor uns)* (RPP II, 49).

« Comme si… » marque ainsi le trait caractéristique des appréhensions imaginatives. On « voit » ce que l'on ne saurait regarder. Or cette procédure projective tend à vouloir « animer » des images plastiques, prétextant parvenir à transposer une surface sensible en tranche de vie personnelle, « comme si » l'on pouvait parfaitement transposer en couleurs une image en noir & blanc – alors que c'est impossible (GP, 179).

Un procédé identique entre en jeu avec ce passage. « Je vois par exemple une photographie et je dis : « Il devrait y avoir là-bas un fauteuil » ou encore : « De ce que l'on voit ici, je conclus qu'il doit se trouver là-bas un fauteuil » » (TI, 266). Supposition, extrapolation, supputation… se fondent toutes sur une conviction (*libido potentis*) faisant accroire qu'en possession d'une image de la Terre, celle-ci peut devenir notre propriété privée, « comme si » entre référent & référé des relations auraient pu s'établir, ne serait-ce qu'en traitant l'image photographique non plus en tant qu'image plastique, mais à titre de medium transparent.

« Mais l'image visuelle d'une chaise n'est pas une chaise. Qu'est-ce que cela pourrait bien vouloir dire : s'asseoir sur l'image visuelle d'une chaise ? » (CC II, 45). Pourtant, on a beau en être prévenu, une appréhension imaginative ne peut pas tout se permettre, malgré ses ambitions (ou convoitises) contraires. « Cette relation n'est pas correctement représentée quand on compare (*Gleichnis*) l'objet (référé) et l'image (*Bild*) (référent), c'est-à-dire l'objet dans l'espace (physique) et la photographie (en son espace plastique) » (DIC 1, 163 ; cf. ch.III, V).

On y reviendra lors du chapitre suivant : barrant accès aux expérimentations artistiques, ces confusions spatiales (insues ou non) ne permettent de concevoir d'autre « esthétique » photographique que feinte, simulée. Comme si, en regardant une image photographique semblant des brigands corses, on pouvait déduire que le christianisme ait pu, oui ou non, « y inscrire sa marque » (RM, 26 ; CCS, 87). La problématique question de la formulation : « image photographique *de* », refait surface ici.

« Qu'est-ce qui fait de ma représentation *(Vorstellung*) de *lui* une représentation de lui ? Qu'est-ce qui fait de son portrait *son* portrait ? L'intention du peintre ? Et cela veut-il dire : son état d'âme *(Seelenzustand*) ? Et qu'est-ce qui fait d'une photographie *son* image ? L'intention du photographe ? |…|

« Or donc, qu'est-ce qui fait de ma représentation de lui ma représentation de *lui* ? –Rien de ce qui vaut pour le portrait (référent) ne vaut pour la représentation (référé). La *question* contient déjà une faute » (RPP I, 69).

De quelle nature est cette « faute »? Celle d'aborder une image photographique en *disant* & en concevant qu'on se trouve confronté à une représentation (*Vorstellung*), permettant à un accomplissement figuratif de se laisser *voir* (imaginer, croire, &c.). Sans nécessairement en citer le passage, on peut lire la reprise de cette objection avec le cas où l'on *dit* (annonce, décrète, prétend) d'une image photographique (référent) qu'elle *est* l'image « de » quelque chose ou de quelqu'un (CC III, 114-115).

Par contre, une expérimentation artistique, conçue à partir d'images photographiques, présente un avantage, précieux pour l'esthétique photographique : celui de nous ramener au niveau des « choses » qu'on peut regarder.

« -Supposez que je frappe Widsom et que vous preniez une photographie de la scène. L'image du poignard ne frappe-t-elle pas l'image de Widsom ? » Vous pouvez dire cela si vous entendez simplement par là que l'image est celle d'un poignard qui pénètre en lui. Mais l'image de Widsom ne s'effondre pas. Ce que l'on perçoit de l'image dépend de l'image ( « *What is perceived in a picture depends on the picture* ») (PHI II, 218-219). Avec cette phrase conclusive, l'auteur « signe » le genre de considération qu'il réserve à l'esthétique photographique.

Non seulement le champ des sensibilités photographiques se définit en termes d'autosuffisance ; au surplus, la possibilité de sa manifestation esthétique se trouve associée au fait qu'on soit en mesure de mettre en œuvre des expérimentations artistiques – effectives. À ce propos, on prend acte d'une considération esthétique de la Photographie, qui se détermine exclusivement en fonction des seules facultés sensibles, spécifiquement *photographiques*, sans devoir se croire obligé d'en inférer, qui proviennent du dehors (de son champ artistique) & qui ne contribuent nullement à l'investigation d'une esthétique photographique.

À dessein de souligner ce qui dépend d'une image & ce qui ressortit aux représentations d'usage du langage, on peut s'appuyer sur ce qu'énonce le fragment suivant, lorsqu'il montre de façon obvie que la distinction fondamentale entre référent & référé ne peut pas légitimer l'emploi régulier d'expressions fictives, telle celle qui annonce que l'on a affaire à une photo « de » quelque chose & que c'est par cette voie que l'on procède à une appropriation symbolique d'images photographiques.

« 'De qui avez-vous parlé ?' –'De N.' – 'De mon ami N.' – 'De l'homme qui est sur cette photographie.' – 'De celui qui passe maintenant la porte' » (EP, 52). La phrase problématique est bien évidemment la troisième (« *Von dem Menschen auf dieser Photographie.* »), parce que c'est la seule qui ne peut se prononcer qu'en faussant les règles des jeux de langage & qui ne peut pas se prêter à une expérimentation artistique. En stipulant (inférant) une propriété fonctionnelle (lieutenance) qu'aucune image photographique ne peut actualiser, cette remarque renforce notre conviction quant à la distinction capitale, pour l'esthétique photographique (*a contrario* des usages sociaux ou domestiques), entre référent & référé, entre esthétique & langage, &c.

« Si je décrivais l'emploi de mon langage, « *Voici* Watson » *(This is Watson) pourrait* faire partie de mon langage. Mais si je couche par écrit les règles, alors

Watson doit se trouver dans le livre de grammaire, là où apparaît cette règle. S'il n'est pas ici, je puis me servir d'une photographie. Mais alors il n'y a là qu'une photographie. Je puis dire qu'elle « fait référence » à quelqu'un. Mais à qui ? » (PHI II, 171). Entre ce qui se situe sous mon regard & ce que j'en verbalise, se met en place une simulation d'expérimentation artistique.

Ce que permettent des jeux de langage, une expérimentation artistique n'a pas à s'y soumettre. « Ce que l'on perçoit de l'image dépend de l'image » (PHI II, 218-219). N'accomplissant aucune fonction (cf. ch.III) , telle une lieutenance (*Vertretung*), une image photographique ne peut référer qu'à son art (Photographie), non à ce qu'elle semble (référé). Wittgenstein précise.

« « Il y a une connexion entre lui et la photographie ». Mais qu'est-ce ici « une connexion » ? Il existe une sorte de superstition relative à « la relation de signification ». – Cela se rapporte à des expressions du genre « Je pense à lui ». Ces mots sont l'expression exacte de cette connexion » (PHI II, 172). Cette question touchant l'indécidabilité référentielle peut aussi se formuler comme suit.

« Supposez qu'on vous ait parlé de Watson en référence à la photographie et en employant certains mots, mais que vous ne l'ayez jamais vu. Puis, un jour, il arrive et je dis : « Voici Watson ». Dirais-je que vous comprenez seulement à ce moment-là ce dont je parle ? » (PHI II, 171-172). Comparativement au fragment cité plus haut (PHI II, 171), recourant à la même phrase affirmative (« *This is Watson* »), l'indécidabilité référentielle présentée désormais fait apparaître que, quel que soit le cas envisagé, la formule « Voici Watson » ne peut pas outrepasser les limites du langage afin de pouvoir s'appliquer au cas d'une image photographique.

En d'autres mots, l'expression « Voici Watson », si elle dénote une représentation d'usage du langage, grâce à son indécidabilité référentielle, montre clairement qu'elle procède par simulation d'expérimentation artistique, étant donné que ce qu'elle dit, ne se connectant pas à l'image, ne permet pas à l'image de « dire » qu'elle ne se solidarise pas du tout avec ce qu'on a accoutumé d'en dire.

« Supposez que j'ai parlé de Watson au moment où je ne disposais que d'une photographie de lui. Veux-je dire que le mot de Watson est le nom propre d'une feuille de papier ? Pourtant il n'est pas vrai qu'il doive exister quelque part un corps auquel ce nom fasse référence » (PHI II, 172). Encore une fois, le critère distinctif, séparant une image photographique, une feuille de papier *(a piece of paper),* & un nom propre, Watson (référé), par exemple, demeure opérant.

Admettons qu'on prononce la formule : « La photo de Watson », cette annonciation ne peut se reporter qu'à une expérimentation artistique conçue en termes d'« effigie ». En ces conditions, elle n'a aucune raison de devoir s'accomplir, puisque sa simulation (en « effigie ») paraît produire son efficience d'appropriation symbolique en se bornant à déclarer ce que bon nous plaît en présence d'images photographiques (procédé de *reductio ad hominem*, mis en place afin d'éviter d'entreprendre des expérimentations artistiques).

« C'est comme 'J'ai suspendu au mur M. Smith' – ce n'est pas lui, mais son portrait. De même 'Il a calculé de tête' – il n'a pas écrit dans sa tête un total – il a fait quelque chose d'autre » (CC III, 29) ; ou encore : « A la question : 'Que voyez-vous ?', je puis répondre : (i) « M.

Untel », ou (ii) faire son portrait. Dans le second cas, tout ce que je connais est le portrait – mais non qu'il s'agit du portrait de M. Untel. La distinction que nous faisons est patente *(obvious*). Elle correspond à l'extension d'un cas déjà connu. Quand on met en cause le fait que vois un arbre, je dessine un arbre » (CC III, 190 ; ch.III).

Avec le second fragment apparaît de façon indubitable que faire l'expérimentation artistique d'un portrait (référent) ne consiste pas à feindre voir ce qu'il semble (référé), mais à se prédisposer à en recevoir la manifestation esthétique. Car Wittgenstein écrit : si l'on peut prouver ce qu'on *voit*, en en fournissant une figuration plastique, en revanche on ne peut pas prouver ce qu'on *regarde* (expérimentation artistique) ; on ne peut qu'enjoindre autrui à emprunter cette voie. En cette occurrence, l'extension envisagée tend à montrer qu'entre un sentiment éprouvé grâce à une vision d'image photographique & ce qui se situe sous mon regard, cette extension n'a pas lieu de pouvoir se produire – sauf si l'on prend la décision de ne pas se livrer à des expérimentations artistiques.

Ce chapitre se renfermera sur un examen de quelques cas d'interprétations d'images rendant bien difficile une mise en œuvre d'expérimentations artistiques, dès lors qu'on considère comme quasi invraisemblable l'éventualité que se produisent des manifestations d'instauration esthétique, à l'origine des bouleversements de nos conditions de visibilité.

Si, à proprement parler, l'interprétation ne relève pas rigoureusement d'une activité psychologique, par contre sa mise en application suscite des idées, des images, des sentiments, qui prennent sens en interpellant le sujet quant à son opinion personnelle, relative à cette « manière de voir les choses ». Quoi qu'il puisse en résulter, l'interprétation des images paraît exclue du domaine des compétences de l'esthétique, laquelle doit savoir se contenter de ce qui ne dépend que de l'image (PHI II, 218-219).

« Mais ne pourrait-on pas, dans certaines circonstances, *interpréter (deuten)* un point ou un trait comme gris ? (Songe à une photographie.) » (RC, 65). Est-il besoin de commenter un tel fragment ? Le contre-exemple servi par une image photographique est requis là afin de montrer que, presque à vrai dire, une interprétation présente le contraire d'une expérimentation artistique.

On peut tenir pour négligeable de devoir regarder une image lorsqu'on a l'intention de l'interpréter. Entre regarder & interpréter, seules des connexions imaginaires sauraient pouvoir s'établir, & ce en se conformant à des normes iconographiques idiosyncrasiques. Or ces dernières ne « regardent » en rien une démarche d'investigation esthétique.

Désormais, la plupart des exemples cités renverront au domaine de la peinture. Pourtant, en ces cas mentionnés, on pourra aisément substituer tableau par image photographique, à partir du moment, pré-esthétique, où se trouvent considérées ces productions plastiques, puisqu'il s'agit de prendre en compte la figuration des images en négligeant leur figurativité (*Bildhaftigkeit*).

Dans leur majorité, ces tableaux de genre vont suggérer des modes d'appropriation symbolique faisant paraître les raisons au nom desquelles ils procèdent à des simulations d'expérimentation artistique. « Il existe une image qui joue à l'égard de l'aspect un rôle illustratif semblable à celui que joue une image destinée à rendre compte du perçu. Imagine une peinture –une descente de croix, par exemple ; que serait-elle pour nous si nous ne savions pas quels *mouvements (Bewegunge*| ont été fixés ici ? Le tableau nous montre ces mouvements, et tout aussi bien ne nous les montre pas. (Le tableau de la charge de cavalerie, si le spectateur ne sait pas que les chevaux ne sont pas immobilisés dans leur position) » (RPP II, 83).

À un autre endroit (RPP I, 183), l'auteur revient sur cet exemple, mais en inférant une possibilité de *comprendre spatialement (räumlich verstehen*) une image (en tant que *Vorstellung*, non pas Darstellung), grâce au fait de savoir « ce que le cheval est sur le point de faire ». Or, en un cas comme en l'autre s'illustre une occurrence d'indécidabilité quant au fait que le tableau puisse montrer (dargestellt) & ne puisse pas montrer. « *Das Bild zeigt und diese Bewegungen und es zeigt sie uns auch nicht* » (Le tableau nous montre ses (figurations de) mouvements, et out aussi bien (sa figurativité) ne nous les montre (semble) pas, RPP II, 83).

Devient-il loisible d'en déduire que la possibilité d'un changement d'aspect ne concerne pas le domaine de la figuration, mais se trouve étroitement associée à la constitution poïétique d'une image, dont la figurativité comporte, à l'état latent, une faculté esthétique (semblance) telle qu'elle comprend, dès l'origine de sa conception, une possibilité de faire varier ses manifestations sensibles, en présentant (*dargestellt*) diverses conditions de visibilité ?

Selon son acception courante, il va de soi que le problème de la figuration ne saurait s'afficher au programme d'une investigation *esthétique*. On peut lire les raisons de ces restrictions à travers l'argumentation iconographique, cherchant à comprendre & à savoir ce qu'une image figure. Il suffit d'une lacune pour que le processus d'appropriation symbolique des images ne se produise pas. Celui qui regarde un tableau sous l'angle de ce qu'on *dit* qu'il *figure*, ne peut comprendre le tableau s'il n'acquiesce pas d'abord au fait qu'il s'agit d'un mode d'accomplissement figuratif, ensuite s'il ignore à quoi, dans l'espace vécu-perçu (physique), réfèrent les figures.

D'où s'ensuit la légitime réserve suivante : « Quand je vois l'image d'un cheval lancé au galop – est-ce que je sais simplement que ceci est le genre de mouvement voulu (songeons aux tableaux d'un Géricault, comparés à une chronophotographie de Marey) ? Est-ce une superstition *(Aberglaube)* de penser que je *vois* le cheval galoper, sur l'image ? Et dès lors mon impression visuelle galope-t-elle également ? » (TI, 335).

Alors que le doute se répand, on en vient à considérer la possibilité de comprendre un tableau en fonction de ce qu'on croit savoir qu'il figure, comme s'il s'agissait d'une superstition. Jusques & y compris la formalisation des phrases s'indiquent les raisons qui inclinent à ranger ce simili-savoir dans la catégorie des croyances superstitieuses.

En ces circonstances, des représentations d'usage du langage engagent à annoncer qu'on « voit » (imagine) des événements, en provenance d'un espace physique, s'animer à la surface d'une image plastique (reçue comme si on avait affaire à un téléviseur) ; d'un espace plastique immuable, immobile, surgit une impression visuelle mimant des mouvements figurés, épousant ainsi la vélocité naturelle des mobiles (référés) semblés sur cette image plastique (référent).

Or un tel « spectacle », ainsi que le dépeignent des représentations d'usage du langage, Wittgenstein a, semble-t-il, grande raison de déclarer qu'il appartient au domaine des superstitions.

Pour montrer le bien fondé de cette explication, il suffit de procéder à des expérimentations artistiques, tentées à partir d'un tableau de peinture. « Le concept de tableau-récit ne serait-il donc pas comparable à celui du tableau de genre (ou au tableau d'une bataille). Et si je voulais décrire ce qu'est le tableau d'une bataille, il ne serait pas nécessaire que je me réfère à une réalité extérieure au tableau ; il suffirait que je parle d'hommes peints, de canons peints » (GP, 177).

C'est pourtant simple de considérer un tableau en tant que production *picturale*, au lieu d'essayer de le comprendre en suivant des superstitions concernant ses facultés d'accomplissement figuratif. Un tableau n'a-t-il pas autre chose à « dire » que ce qui arrange chacun de proférer, à sa place ?

Aussi ne peut-on pas accepter de souscrire à ce genre de spéculation (plaidoyer *pro domo*) n'appartenant pas au domaine de compétence d'une investigation esthétique. « Nous comprenons un tableau de genre lorsque nous reconnaissons *(Einfühlung* : empathie) l'action qu'il représente. Si nous avons des difficultés à reconnaître ce qui se passe dans le tableau, après un temps de doute se produit un processus familier de reconnaissance. Par contre, si nous saisissons au premier coup d'œil de quoi il s'agit, il nous est difficile de dire dans ce cas en quoi consiste la compréhension – la recognition-. Il ne se produit *aucun* processus particulier que l'on pourrait appeler la 'recognition' » (GP, 21).

Or, avant de conclure ce chapitre, on livrera cette dernière citation, en corroborant une autre (GP, 177), & qui caractérise la considération que Wittgenstein prête à l'esthétique photographique, lorsqu'il avance : « Ce que l'on perçoit de l'image dépend de l'image » (PHI II, 218-219).

« Nous nous intéressons au tableau d'une bataille, mais il ne représente (*this is)* qu'un moment et un point de vue sur une partie de la bataille, et ce ne sont pas des hommes que nous regardons, mais des images d'hommes » (CC III, 276). Ne pas considérer une image en tant que pan d'espace plastique revient à simuler des expérimentations artistiques, avec toutes les méprises de champ dont cette attitude s'encombre superstitieusement.

▪▪▪▪▪▪▪▪▪▪▪▪▪▪▪▪▪▪▪▪▪▪▪▪▪▪▪▪▪▪▪▪▪▪▪▪▪▪▪▪▪▪▪▪▪

En résumé, on peut avancer que l'esthétique photographique a peu de chance de pouvoir prendre en compte maintes superstitions, en fonction desquelles les pratiques sociales de la Photographie fondent la légitimité de leurs coutumes (habitus). Basées sur un mode d'appropriation symbolique (*libido potentis* dépendant d'une empathie), les pratiques sociales de la Photographie prennent appui nécessairement sur des représentations d'usage du langage.

Parmi celles-ci, la plus courante consiste en une dépiction d'image photographique, uniquement entrevue sous l'angle de ce qu'elle figure (référé). On dit alors qu'on « voit » ceci ou cela, en confondant en un seul deux modes d'expression, rigoureusement discrets. D'un côté, ce qui relève d'une verbalisation (formule, dépiction… : *Ausdruck*) ; d'un autre côté, ce qui caractérise une manifestation esthétique (ce qui se montre, une semblance, une apparance… : *Äußerung.*

On ne peut donc pas confondre ce qu'on dit à propos d'une image avec ce que cette image photographique détient la faculté de « dire ». La raison d'être des expérimentations artistiques repose en cette possibilité de pouvoir montrer que si l'on s'en tient à ce que l'on déclare « voir », on rend pratiquement impossible l'éventualité qu'on puisse *regarder* une image photographique, *a fortiori* l'envisager (en acceptant d'accueillir des conditions de visibilité impré*vues*). A tout prix, éviter que les images photographiques se voient condamnées au silence (sensible).

Encore que Wittgenstein ne s'intéresse pas aux pratiques sociales de la Photographie, sa considération de l'esthétique photographique permet d'envisager celles-ci comme relevant d'une expérience de simulation. L'imagination, la psychologie, la sentimentalité suppléant, croit-on, une suspension des expérimentations artistiques, l'épreuve de « vérité » des sensibilités artistiques, ainsi se fondent des croyances, des opinions superstitieuses *ad hoc* aux attentes expressives d'une doxographie (cf. ch.III) qui, d'elle-seule, prétend assumer une lieutenance légale de la Photographie.

Incapable de photographier une phrase et vice versa, la Photographie convie l'attention à faire signe du côté de la constitution pōïétique des images. Indépendamment de cette dernière, des productions photographiques pourrait-on encore les définir en termes d' « images » (plastiques) ? La coutume assignant que seuls des référés puissent être « vus » empêche de regarder ces images pour des images – espérant une substitution-mutation magique d'une présentation (*Darstellung* d'une semblance) en représentation (*Vorstellung* des référés, telle qu'elle s'énonce à travers une dépiction triviale).

Or, par un juste retour des choses à leur état primordial, on doit s'en tenir au principe esthétique suivant : ce que l'on perçoit de l'image dépend de l'image. D'où va pouvoir transparaître, de façon saillante, une incompatibilité de champ entre le domaine du langage & celui de l'esthétique, contrairement aux attentes sociales prédominantes.

Si la Photographie demeure capable de répondre d'un *modus significandi (Äußerung)* de ce que les images ont à « dire »), en matière d'adéquation avec une expression langagière (*Ausdruck*), elle ne peut garantir (teneur de vérité des images) qu'une indécidabilité, une indéterminité (*Unbestimmtheit*).

Sur ce pied-là, l'éventualité de pouvoir « comprendre » une image photographique, autrement qu'en se mettant à l'écoute de ce qu'elle a à « dire », s'évanouit. Croire au contraire supposerait qu'en présentant une prédilection en faveur d'une efficience figurative (des référés), on puisse se dispenser de recevoir (« suffoquer » l'*Äußerung)* la figurativité d'une image photographique, à savoir ce qu'elle seule peut « dire ».

On ne tarde pas à entendre que la question d'une figuration ne ressortit que de façon *forcée* au domaine d'une investigation esthétique de la Photographie. Contrairement à un téléviseur transmettant des images sans y prêter attention, la Photographie crée des images qui la regardent, l'intéressent, en dévoilant certains moments de son champ de sensibilités. Voilà ce que s'efforcera de montrer le chapitre suivant.

# CHAPITRE V
# Expérimentation artistique

Plus l'expression des arts est vague, plus l'imagination est à l'aise |1|.

Le soleil du peintre n'est celui de l'univers |2|.

Diderot, *Salon* de 1765 |1|, de 1767 |2|.

Une expérimentation artistique en Photographie pourrait se définir au moyen de deux « principes », nécessaires & suffisants. D'un côté, essayer de répondre à la question : « Qu'y a-t-il sous mon regard ? » (CA, 100) ; de l'autre, se cantonner aux manifestations esthétiques provenant d'une image, sachant que ce qui paraît en cette occasion dépend uniquement de l'image (PHI II, 218-219 ; cf. ch.IV).

Autre corollaire aux précédents « principes » : « C'est comme si l'on voyait une toile avec des taches de couleurs éparses, et que l'on dît : telles qu'elles sont là, elles sont incompréhensibles ; elles ne prendront sens que lorsqu'on les aura complétées en une figure *(Gestalt)*. – Tandis que moi je veux dire : *c'est* ici le Tout. (Si tu le complètes, tu le fausses.) » (« *Wenn du es ergänzt, verfläschst du es.* ») (RPP I, 68 ; cf. aussi : RMO, 14 ; TI, 167).

Telle qu'elle se profile globalement sous ces quelques traits majeurs, on entend qu'une expérimentation artistique chez Wittgenstein repose sur une sorte de contrat « éthique ». En aucune circonstance, sous aucun prétexte, la relation à établir entre une image & un regard ne doit procéder en arrangeant ces altérités réciproques, de telle manière qu'elles « communient » plus aisément.

Si une image soumet ses conditions de visibilité (RM, 16) ; si, en quelque sorte, elle « impose » des contraintes esthétiques (RM, 69), c'est en but de nous préserver de la propension impossible à tenter d'outrepasser le cadre d'une expérimentation artistique (F, 74).

Compte tenu des proportions modestes de cet essai, il est hors de question d'exposer comment Wittgenstein conçoit la diversité des quelques grandes caractéristiques, comme les trois précédentes, en invitant le lecteur à découvrir par lui-même la richesse, l'étendue, l'importance que revêtent les expérimentations artistiques tant pour l'investigation esthétique que pour la recherche philosophique.

En quelques mots, on peut, sans se méprendre, poser que l'expérimentation artistique, telle que Wittgenstein en prescrit les modalités d'accomplissement, se rattache à une tradition esthétique qui, de Poussin à Ponge, en passant par Leibniz, R. de Piles, Diderot, Adam Smith, Delacroix, Gustave Moreau, Charles Lalo, Hans Georg Gadamer..., se fonde sur la nécessité d'une recréation esthétique, recréation basée sur un « travail » du regard.

Cette *recréation* (H. G. Gadamer, W. Iser, R. Wollheim, R. Barthes) ne se fie pas seulement à la faculté de focaliser diversement le regard sur une image. Elle comporte également d'autres procédures sensibles, impossibles à détailler ici, qui permettent de prédisposer le regard, de sorte qu'on puisse voir une image selon tel ou tel aspect, & parvenir, à terme, à partir d'un objet esthétique instauré, à « déchiffrer » ce qu'une image photographique a à « dire ».

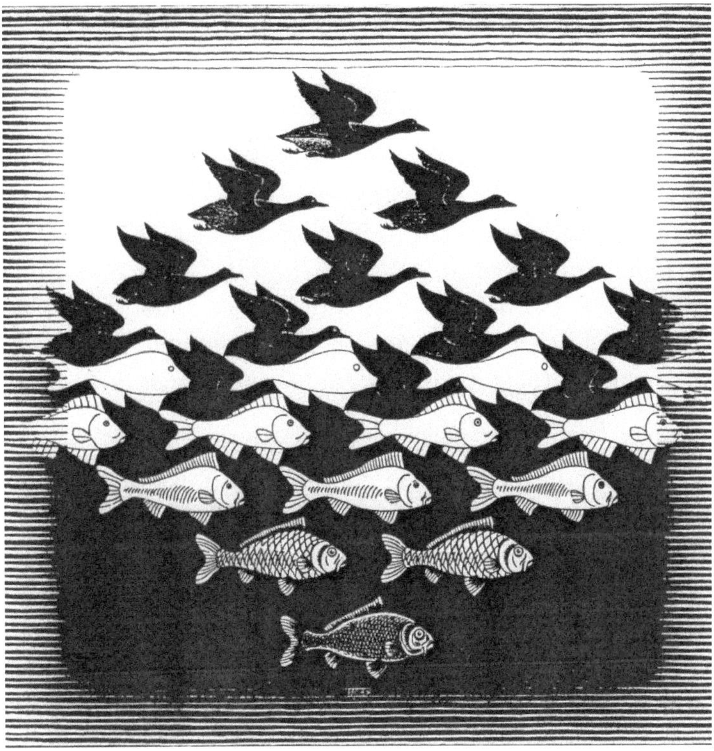

M. C. ESCHER (1898-1972): « Sky and Water I » (1938). c 1938

M. C. Escher Foundation-Baarn-Holland

Or, pour parvenir à ce stade émerveillant d'une expérimentation artistique, cela a déjà été indiqué, il faut se munir d'un certain nombre de précautions, en fonction desquelles un émerveillement *(thaumazein)* peut avoir l'heur de se produire. Autant que faire se peut, on essayera de passer en revue les diverses étapes du processus d'expérimentation artistique, sans négliger le fait que celle-ci s'inscrit dans « le courant de la vie » (de chacun) & que, pour s'avérer frappante, elle ne peut prendre sens que dans la mesure où l'on peut en soumettre la résultante à l'assentiment d'autrui. Si une image photographique a quelque chose à « dire », ce n'est possible & pensable qu'en s'adressant à tout le monde.

D'où la nécessité expresse de ne pas confondre espace plastique & espace physique (cf. ch.II, IV). Une image photographique n'a rien à démêler avec ce qu'on perçoit visuellement autour de nous (CC I, 100, 125-126). Afin de montrer les risques de confusion, à peu près à la même époque, Wittgenstein propose un protocole, annonçant étrangement (cela reste à démontrer) une œuvre de J. Kosuth : *(One and three chairs),* 1965.

« Ma représentation de cette chaise n'est pas non plus à comparer avec une photographie de la chaise. Cela ne veut rien dire que d'appeler la perception d'une chaise une « image » de la chaise parce que la perception ne peut être comparée avec la chaise ; dans cette mesure le réaliste a tort à son tour. La grammaire des mots 'chaise' et 'représentation de la chaise' et leur relation grammaticale sont beaucoup plus compliquées qu'il n'y paraît au premier regard. Cette relation n'est pas correctement représentée quand on compare (*Gleichnis*) l'objet et l'image (*Bild*), c'est-à-dire l'objet dans l'espace et la photographie » (DIC I, 163 ; cf. ch.III, IV, V).

Lors du précédent chapitre, avait été évoqué un passage, corroborant celui-ci, où la question suivante se posait : « Qu'est-ce que cela pourrait bien vouloir dire : s'asseoir sur l'image visuelle d'une chaise ? » (CC II, 45). Pas plus qu'on ne peut *faire* ce qu'annonce cette question, cela n'a aucun sens de considérer une image photographique (référent) comme s'il s'agissait d'une représentation (*Vostellung*) de quelque chose (référé). Cela fut indiqué précédemment : seule une manifestation sensible (apparance) de figurativité (semblance) peut se prêter à une expérimentation artistique.

Ainsi devient-il tout à fait plausible de concevoir le processus d'une expérimentation artistique en tant que « travail », comme résultant d'une somme d'approches mobiles, entreprises à partir d'une image *plastique*, indépendamment de deux faits : 1) que l'image ne puisse pas se mouvoir d'elle-même ; 2) que l'espace physique qui l'environne se modifie ou demeure immuable (CC I, 79). L'autonomie du champ esthétique des images photographiques comporte cette plasticité immanente, n'attendant qu'un regard pour la mettre en œuvre & à contribution.

Cela ne contredit pas le fait qu'on puisse entreprendre une expérimentation artistique d'une image (plastique) photographique semblant une impression visuelle, à condition de considérer que ce que manifeste cette image se décline sous les traits (apparance semblante) d'une présentation de l'impression visuelle (*eines Darstellung des Gesichtseindrucks*), à savoir l'instauration de conditions de visibilité ne dépendant que de cette image photographique-là (RPP I, 107).

La constitution poïétique d'une image photographique, a-t-on déjà remarqué, s'oppose à satisfaire des attentes d'accomplissement figuratif, tant il est vrai que sa figurativité (semblance) ne peut reproduire un champ visuel ni représenter (à tous les sens du terme) un espace physique, ou quoi que ce soit d'autre (référé : PHI I, 37-38). Le regard doit se fonder seulement sur ce que montre (apparance) une image photographique, modifiant ainsi ses conditions de visibilité (sensible), non pas la perception visuelle.

Si d'aventure une impression visuelle venait à se superposer à la surface d'une image plastique, il en résulterait l'obtention d'une image comparable à une image photographique floue (RPP II, 103), suggérant par conséquent des conditions de visibilité nécessitant une modification sensible du protocole d'expérimentation artistique. Or, en cette occurrence, on se trouve davantage devant un cas limite que face à une procédure sensible régulière, puisqu'on contrevient au principe prescrivant qu'on ne doit pas arranger des images plastiques en but de les forcer à coïncider avec des attentes, *ad hoc* aux modes d'appropriation symbolique (RPP I, 68). L'image photographique se présente toujours comme une entité finie, à laquelle on n'a rien à ajouter.

À l'occasion d'une expérimentation artistique, les conditions de visibilité (*Anschaulichkeit*) auxquelles un regard se trouve exposé font apparaître des propriétés de champ esthétique singulières, qu'aucun autre art plastique, hormis la Photographie, se trouve en capacité d'actualiser. En définitive, la notion de *semblance* se justifie démonstrativement lorsqu'on compare l'espace plastique de la Photographie à celui de la stéréoscopie (par exemple).

« Compare les différentes sortes de voir 'spatial' ; la spatialité de la photographie ordinaire et celle qu'on voit au stéréoscope » (EP, 206). Cette suggestion comparative permet à Wittgenstein de préciser que si l'espace sensible de la Photographie relève du champ des arts plastiques, & peut donc se prêter à des expérimentations artistiques, avec le cas de la stéréoscopie on se placerait sur les limites de ce champ, là où la vision scopique tend à suppléer les expérimentations artistiques (cf. ch.III).

En bref, est-on autorisé à qualifier d'« illusionniste » l'espace stéréoscopique, dès lors qu'il se construit sur une superposition de vues photographiques, situées réciproquement de telle sorte qu'en les voyant on ait l'impression d'assister à une projection spatiale, simulant celle de l'espace visuel « en profondeur », mais dont l'efficience spatiale semble plus prononcée que celle procurée par une expérience visuelle ?

Seule une expérimentation artistique de vues stéréoscopiques peut montrer, *de visu*, de telles différences sensibles de champ. Dit autrement, le dispositif stéréoscopique ne peut se manifester spatialement qu'en annihilant toute possibilité de manifestation esthétique, dénotant une appartenance au champ des sensibilités photographiques (semblance). Le domaine sensible de la Photographie s'achève là où celui de la stéréoscopie prend son essor.

« Certes nous voyons une peinture dans l'espace, il ne nous serait pas facile de la décrire comme un agrégat de taches de couleur sur un plan, mais ce que nous voyons dans un stéréoscope apparaît aussi dans l'espace, quoique d'une façon tout autre. Qui contemple une photographie, avec des hommes, des maisons, des arbres, n'a pas l'impression que l'espace lui manque ! » (RPP II, 103 ; TI, 345 ; cf. ch.III).

Un autre endroit (TI, 334) permet à Wittgenstein de montrer que le genre d'expérimentation artistique convenant aux images plastiques produites par la Photographie ne peut pas s'appliquer à celles de la stéréoscopie, qui elles, n'ont pas à répondre à des exigences de plasticité (bien au contraire) afin que s'accomplisse la vision d'une projection spatiale tridimensionnelle (stéréotypée, plus proche des dispositifs perspectivistes de Alberti & de Brunelleschi que des manifestations sensibles *apparantes* d'une semblance photographique.

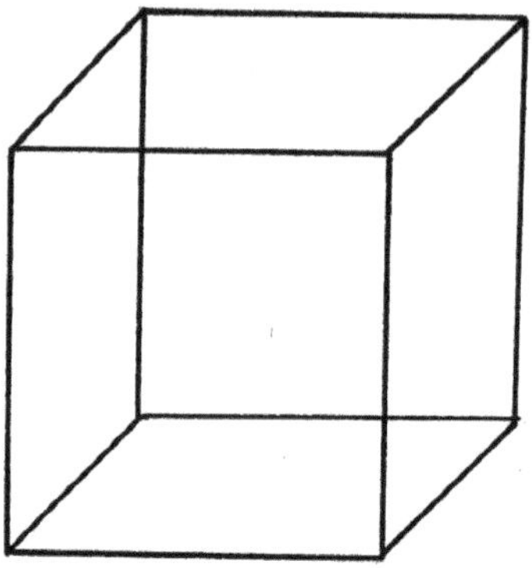

Figure 1

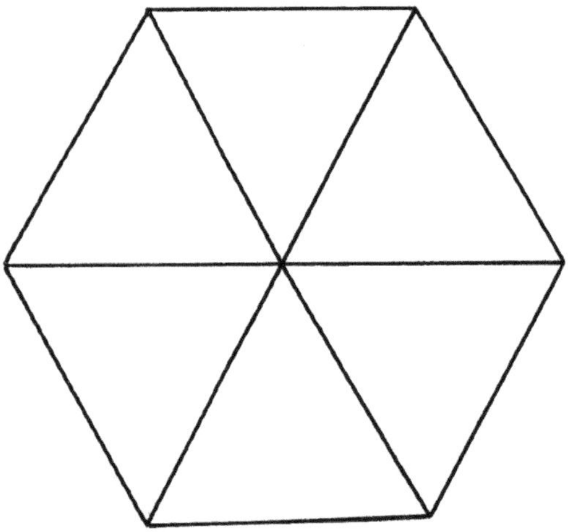

Figure 2

Ces deux figures d'un cube "en perspective" se distinguent par le fait qu'elles dépendent de deux modalités de formalisation poïétique : 1) accentuation de l'effet de volume, permettant de saisir plusieurs aspects de la figure; 2) quasi annulation de l'effet de "relief" obtenue par recours à des symétries; un changement d'aspect peut malgré tout se produire, mais il est plus difficile de l'actualiser que dans le cas de la figure précédente.

À présent que ces préliminaires ont pu être dégagés, on va pouvoir focaliser l'attention sur le cas des images devinettes, qui figurent ou préfigurent, tout au long de l'existence de l'auteur des *Remarques mêlées*, une sorte de prototype, de banc d'essai aux expérimentations artistiques & à ce qui leur est dû en tant que contribution à des recherches philosophiques.

Quelques mois après la déclaration de la Grande Guerre (9 novembre 1914), on peut lire cette note, la première mentionnant ce type d'image plastique (*droddle*, *Vexierbild*) : « Les dessins devinettes et la vision des états de choses » (CA, 67). Dans le *Tractatus* (§5.5423) est reproduit le schéma d'un cube « en perspective » (TN, 90 ; T0, 86).

Si l'on s'attache au cas des images devinettes, c'est que leur intérêt se trouve lié à l'expérimentation artistique d'un voir (considérer) « comme », en fonction duquel s'effectuent des modifications d'aspect (*Aspektwechsel*), caractéristiques des dispositions *plastiques* des productions visuelles, auxquelles la Photographie ne déroge pas de pouvoir se ranger légitimement.

Les questions soulevées par les images devinettes s'avèrent souvent de résolution difficile. Ainsi : « Est-ce que 'ne pas voir l'image *ainsi'* signifie : *la voir autrement (es anders sehen)* ? » (RPP II, 68). Ce fragment est suivi d'un exemple, où Wittgenstein pose la nécessité *d'interpréter* une image devinette, à l'instar d'une exécution musicale ou d'une récitation de poème (RPP II, 68).

Ensuite, s'envisage la possibilité d'exécuter une copie rapide de l'image, avant & après la découverte d'une figure cachée ; mais aucune copie ne peut être correcte, étant donné qu'elle porte uniquement sur un « moment » de l'expérimentation artistique (RPP II, 79).

Conçue en termes d'exécution recréatrice (*Nachbildung*), l'expérimentation artistique se trouve alors automatiquement incluse dans « le courant de la vie » du candidat. Son déploiement temporel participe inévitablement de sa mise en œuvre effective. La constitution (poïétique : *Beschaffenheit* débouchant sur une mise en forme : *Gestaltung* de l'image, comprend cette demande de temps, nécessaire à son expérimentation artistique. En somme, une sorte de délai en dépôt, restituant, peut-être, un laps de temps requis au moment de sa conception. « Autant ça t'a coûté, autant il faudra qu'ils payent » (RM, 25 ; CCS, 86 ; cf. fin du ch.II).

« Quand je découvre la solution d'une image-devinette, je fais une découverte concernant l'image elle-même ». On doit interrompre cette citation afin de montrer toute la cohérence de l'esthétique wittgensteinienne. A coup sûr, en présence d'une image plastique, rien ne doit être bricolé, ni inféré ni arrangé à des fins de satisfaction personnelle (appropriation symbolique, empathie, *libido potentis*, anthropomorphisation...). A proprement parler, une image plastique se manifeste en pleine lumière, sans l'ombre d'un doute.

« Quand je découvre la solution d'une image-devinette, je fais une découverte *(Entdeckung)* concernant l'image elle-même. Je découvre, par exemple, que ce camouflage cachait un bateau. On peut imaginer aussi que je veuille faire savoir secrètement à quelqu'un à quoi ressemble une tierce personne : je dissimulerai ce renseignement, en l'occurrence le portrait de cette personne, dans une image-devinette » (RPP II, 79 ; cf. Freud, *Un souvenir d'enfance de Léonard de Vinci* (1943), IV, p ?211 : figure d'un vautour (symbole de maternité) dissimulée dans le tableau *Vierge, l'enfant Jésus & sainte Anne* (1510), Louvre, découverte due à Oscar Pfister (1913).

À présent, l'auteur des *Etudes préparatoires* s'attache, non pas à la description d'une image, mais à l'exposition du processus de mise en œuvre d'une expérimentation artistique. On a toute raison de croire que l'image évoquée correspond à celle d'une céramique, réalisée par William Burges (c. 1879), située dans la nursery du château de Cardiff, intitulée : *The Invisible Prince* (cf. EP, §.146-147, 64 ; § 508, 178 ; TI, 328 ; Norman Malcolm, *Ludwig Wittgenstein* (1958), signale que Wittgenstein se rendit au Pays de Galles fin 1945 ; CB, 361 & 381).

« Je trouve soudain la solution d'une image à figure cachée. Là où il y avait des branches et des rameaux, il y a maintenant une forme humaine » (EP, 156). Au critère d'inscription temporelle d'une expérimentation artistique (dans « le courant de la vie »), l'exécution esthétique d'une image plastique laisse présupposer une possibilité, pour l'image, de pouvoir être *comprise* (spatialement) d'une façon immanente.

« Avec les diverses expériences que l'on peut faire lorsque l'on voit un tableau tantôt ainsi, tantôt autrement, on peut comparer l'expérience que l'on fait lorsqu'on lit une proposition en la comprenant, ou, sans la comprendre. (Souvenez-vous de ce qui se passe quand on lit une proposition avec une intonation inexacte, que de ce fait on ne la comprend pas, et qu'ensuite on découvre comment il faut la lire » (GP, 51).

Il est constant que découverte (*Entdeckung*) suppose invention d'une *interprétation*, susceptible de faire « sonner » convenablement une image, de trouver un mode d'exécution qui réponde à sa constitution poïétique, de telle sorte que se trouve enrichie notre compréhension de ce que *montre* cette image, avant de « dire » quoi que ce soit. Peut s'évoquer le cas d'une « compréhension plus profonde » de l'image (GP, 80), due à son expérimentation artistique.

Si « La philosophie n'est pas une doctrine (théorie, TN, 57) mais une activité ». « *Die Philosophie ist keine Lehre, sondern eine Tätigkeit* » (T0, 41), c'est par cette caractéristique que recherche philosophique & expérimentation artistique partagent un processus commun. Regarder & (essayer de) comprendre semblent aller de pair. « Le processus du « voir d'une certaine manière » joue par exemple un rôle dans la résolution d'une image d'attrape » (DIC I, 88b).

En chaque cas, un changement de considération (*Betrachtung*) du processus d'expérimentation artistique s'efforce de sonder selon quel(s) pan(s) ou aspect(s) une image plastique peut être abordée sur le plan de ses manifestations d'instauration esthétique. Car, c'est dans un changement d'aspect que l'on devient *conscient (bewußt)* de l'aspect » (EP, 74).

Toutefois convient-il de préciser cette donnée particulière, propre aux expérimentations artistiques, qu'on retrouvera plus loin, lorsqu'on envisagera le cas d'expérimentations artistiques tentées à partir d'images photographique. « L'expression *Ausdruck* : verbalisation, & non manifestation sensible : *Äußerung* ; cf. ch.IV du changement d'aspect est l'expression d'une *nouvelle* perception en même temps que celle d'une perception inchangée » (EP, 174 ; TI, 328).

On pourrait justifier cette apparence de paradoxe en serrant au plus près le texte de cette proposition. Cette indication semble faire signe du côté de la distinction établie entre figuration & figurativité, image plastique (référent) & efficience figurative (référé) virtuelle. Incontestablement, l'image ne change pas. Par contre, ce qui peut varier & être notifié verbalement (*Ausdruck*), ce sont des éventualités de changement d'aspect.

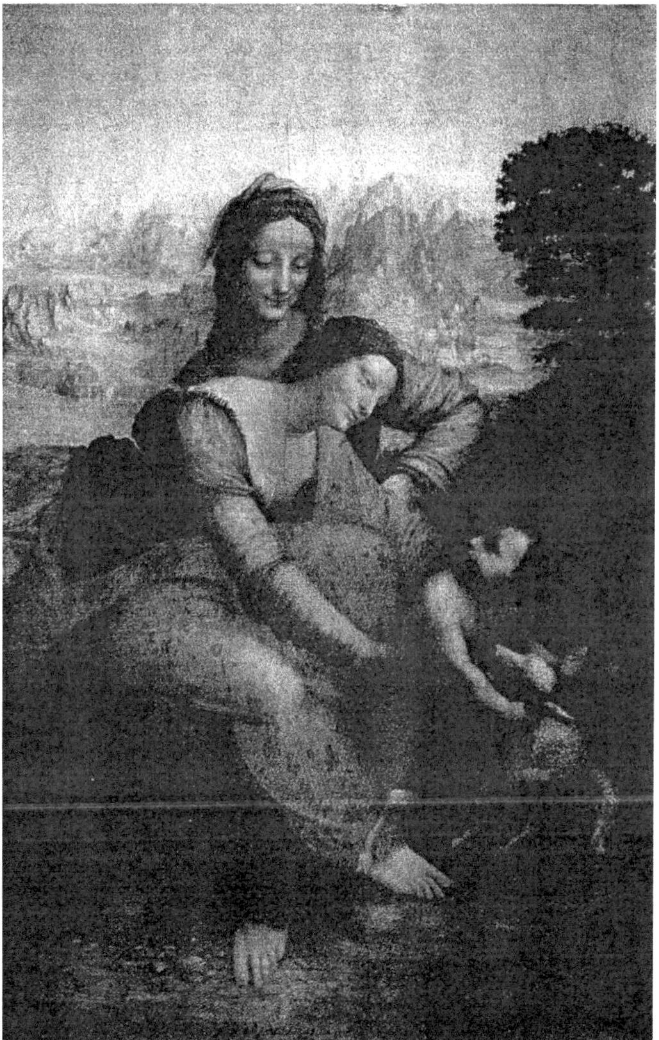

Léonard de Vinci (1452-1519), *La Vierge, l'Enfant Jésus et sainte Anne*, Bois, 1,68x1,30m.
Collection de Louis XIV
Musée du Louvre, Paris

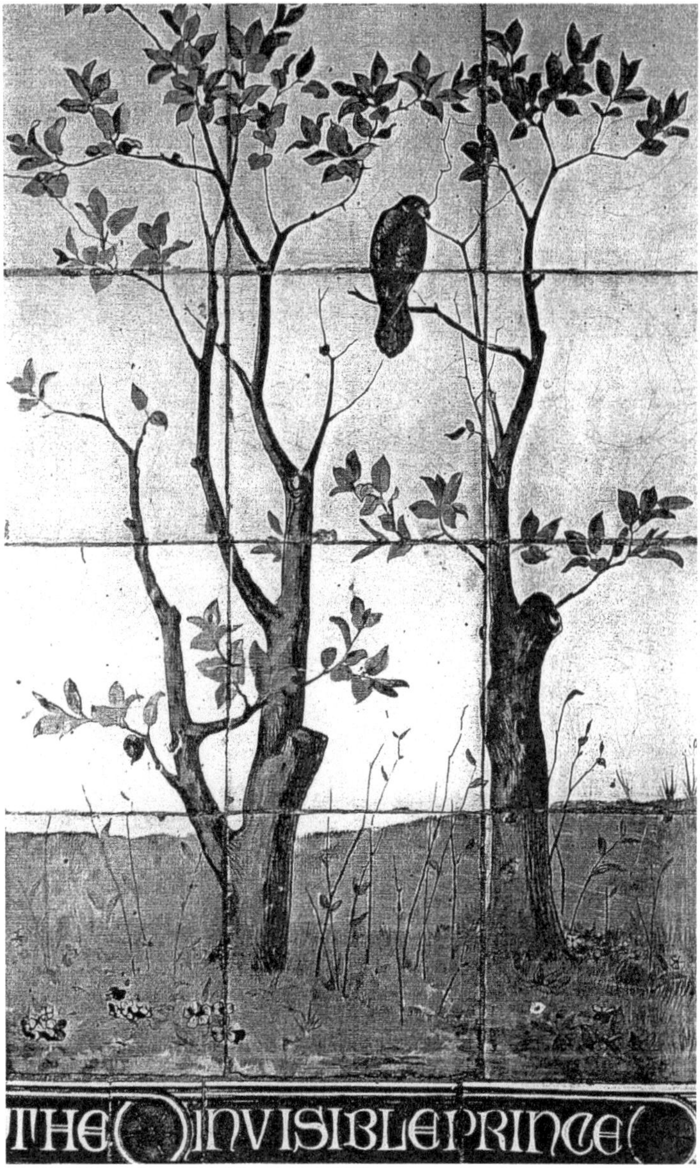


*The Invisible Prince*, Cardiff Castle: The Nursery, by William Burges, c.1879.

La constitution poïétique de l'image se trouve ainsi conçue qu'elle anticipe cette possibilité d'un changement d'aspect, possibilité pouvant demeurer latente tant que ne sont pas entreprises des expérimentations artistiques à partir d'images plastiques *(plastikos* signifiant « propre au modelage », façonnable ; *plassô* signifiant à la fois, cette faculté de mise en œuvre, mais également : feindre, dissimuler, d'où *plasma*, au sens de fiction, violence faite à la vérité).

L'expérimentation artistique répond alors à un concours de circonstances tout à fait singulières, de telle sorte que le candidat devient un agent actif, impliqué en une tâche « maïeutique », en faveur de laquelle une image plastique peut révéler plusieurs modalités de manifestation esthétique *instauratrice*. « Quand je vois le changement d'aspect, il est inévitable que je m'occupe *(beschäftige)*| de l'objet » (EP, 192).

D'où le corollaire suivant : « Et c'est pourquoi l'expérience vécue *(Erlebnis*) du changement d'aspect (1) semble être une expérience à moitié visuelle, à moitié idéelle (2) » (EP, 199 ; TI, 329). Doit être écartée toute tentation d'interprétation psychologique.

Se porter au-devant des manifestations sensibles diversifiant nos conditions de visibilité présuppose une considération ouverte à la nécessité de devoir entreprendre des expérimentations artistiques à partir d'images plastiques. Au sens large du terme, les accommodations mises en œuvre par un regard indiquent le sens de cette démarche processuelle.

« L'aspect est dépendant de la volonté. Il est semblable en cela à la représentation *(Vorstellung)* » (EP, 162). Cette remarque souligne la nécessité impartie au regard de devoir s'adapter aux manifestations sensibles provenant des images plastiques. Seul un regard peut « agir ». Les images se cantonnent à suggérer ces expérimentations. Si le regard ne se rend pas « à pied d'œuvre » des images, aucune manifestation de sensibilité instauratrice ne saurait s'actualiser d'elle-même.

Déjà caractérisée par sa participation temporelle au flux du « courant de la vie », désormais l'expérimentation artistique renforce sa spécification d'inscription spatiale, possibilité d'arpenter l'espace plastique déployé sous un regard. « Qui cherche une figure 1 dans une autre 2, et la trouve, celui-là, peut-on dire, voit désormais 2 tout autrement. Non seulement il est capable d'en donner une nouvelle description *(Beschreibung)* mais encore cette découverte une « aventure », (chez R. Barthes) a été pour lui une nouvelle expérience visuelle vécue *(Seherlebnis)* » (EP, 178).

Ce qui « anime » (suscite, suggère) une expérimentation artistique semble pouvoir se définir grâce au fait que l'image plastique manifeste des conditions de visibilité telles qu'elles obtiennent la faculté *(Kraftfeld)* de soumettre un regard à un « état de choc » (sensible), de le subjuguer par un étonnement (prévu dès la constitution poïétique d'une image plastique).

« Je crois que l'on pourrait dire la même chose de cette façon encore : Un *étonnement (Staunen, thaumazein)* est essentiel au changement d'aspect. Et s'étonner, c'est penser *(Und Staunen ist Denken)* » (EP, 194). Ou, formulé autrement : « Etre surpris est apparenté à penser *(Das Auffallen ist dem Denken verwandt !)* » (EP, 240).

Ceci étant posé, on n'a aucune vergogne à supposer l'existence d'une « pensée » plastique, capable d'interpeller, étonnement ou surprise à la clef, un regard totalement impliqué en une mise en œuvre processuelle de manifestations d'instauration esthétique, à partir d'images plastiques.

« Je pourrais dire d'un tableau de Picasso que je ne le *vois* pas comme un homme. Ou, à propos d'autres tableaux, que pendant longtemps je n'ai pas été capable de les voir comme ce qu'ils donnaient à voir, mais qu'à présent je le fais. Or le cas est semblable à celui-ci : pendant longtemps je n'ai pas entendu telle musique comme ayant une unité, mais à présent je l'entends ainsi. Auparavant elle me semblait faite de morceaux brefs, qui ne cessaient de s'interrompre brusquement –maintenant je l'entends comme un organisme. (Bruckner) » (EP, 226).

Wittgenstein revient ainsi sur le métier. « Mais pense à ces tableaux qui font voir un visage à la fois de face et de profil. On pourrait dire : « Mais enfin, un visage ne se présente pas ainsi ! » Mais aussi : « C'est un tableau trompeur » - à moins que tu laisses errer ton regard (le *scanning* décrit par Anton Ehrenzweig) de façon à ne plus voir du tout un tableau, au sens habituel, mais comme plusieurs tableaux, dont chacun à son sens propre » (EP, 220).

Ailleurs, toujours  propos d'une semblable image plastique, il précise : « Une représentation *(Darstellung*) qui inclut également un mouvement, une modification, un vagabondage du regard *(ein Schweifen des Blicks)*. Un tel tableau ne représente-t-il *(Stellt* au sens de « se placer », « se poser ») pas *authentiquement* ce que l'on voit ? » (RPP I, 201 ; Paul Klee parle de « brouter » un tableau).

D'une telle image plastique, on serait tenté de dire qu'elle fait face au regard, qu'elle se dresse, s'érige, qu'elle *impose*, ne serait-ce qu'en raison des « contraintes » sensibles accompagnant ses manifestations d'instauration esthétique. Le plus étonnant encore est que Wittgenstein sous-entend, comme le proposera R. Wollheim, après lui & à partir de lui, semble-t-il, une mise en œuvre d'expérimentations artistiques, destinées à « dématérialiser » les images plastiques, à dessein de pouvoir créer, à partir d'elles, d'authentiques (c'est son terme) « objets esthétiques », pure « corporéité sensible », constituant un acheminement étonnant jusqu'au « repaire » (caché ?) de l'art (*Ars est celare artem*).

Le dépôt d'une telle hypothèse nécessite d'être étayé par deux ordres d'argumentation. D'un côté, il y aurait tout lieu de croire que la plasticité des images ne leur permet par d'être affiliées à des objets visuels, simplement perceptibles, recevables pour des phénomènes, des apparences. D'un autre côté, si les images plastiques ne peuvent pas être reçues à titre d'apparences visuelles, c'est sans doute que pour les comprendre (c'est-à-dire pour dévoiler ce qu'elles montrent, ce qu'elles ont à « dire »), elles doivent d'abord se prêter à des expérimentations artistiques, chargées de les « *interpréter* », de les *exécuter* comme s'il s'agissait d'une proposition, d'un poème, d'une partition musicale. On va donc revenir quelque peu sur les déductions précédentes, en but de leur conférer un surcroît de plausibilité.

Postuler qu'une image plastique ne répond pas aux critères définitionnels d'un objet visuel (RPP I, 199), revient à souligner son caractère processuel. Une image plastique n'a pas à être reçue ; elle se trouve en attente d'être construite, recréée ; & cette *édification* incombe aux expérimentations artistiques d'un regard.

À ce sujet, Wittgenstein indique l'existence d'un lien (*Zusammenhang*) entre imagination (*Phantasie*) & aspect (RPP II, 107). Telle faculté détient des aptitudes d'adaptation souples, permettant d'accueillir la plasticité d'une image, lorsque celle-ci fut conçue, dotée du pouvoir (*Kraftfeld*) de manifestations sensibles de changements d'aspect. L'autonomie sensible des images plastiques les prémunit de devoir être assimilées à des objets visuels, à des apparences, puisqu'elles ne répondent pas à des attentes caractéristiques des « données » - comme c'est le cas d'un souvenir, incomparable à ce qu'il évoque comme « donné » ; comme c'est le cas d'une image photographique, incomparable à un original (référé) semblé (WCV, 23) : espace plastique & espace physique ne sont pas un.

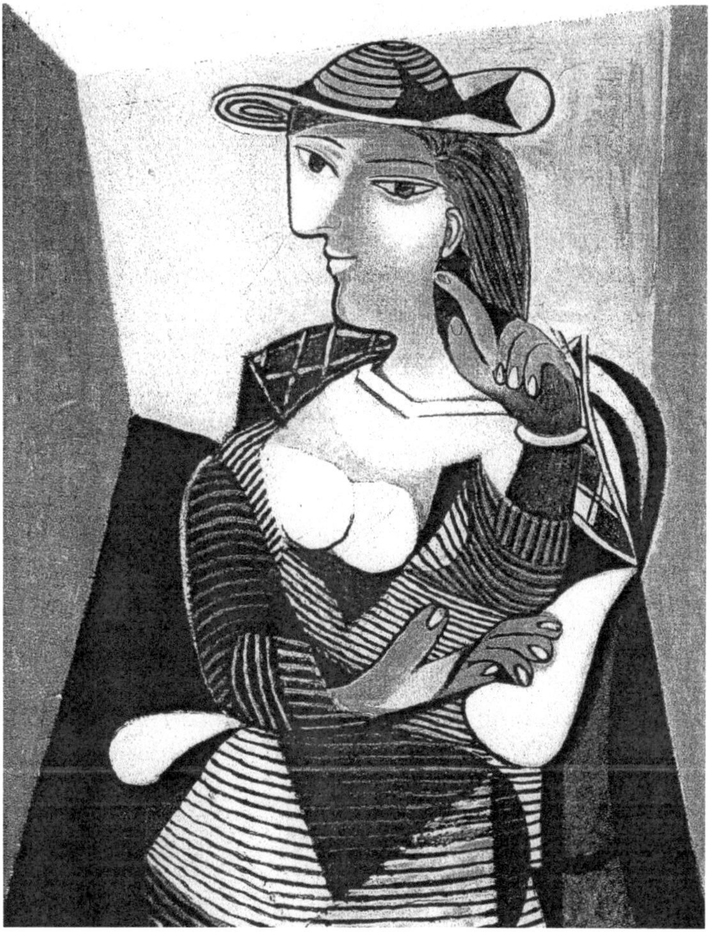

Pablo Picasso (1881-1973), *Portrait de Marie-Thérèse* , 6 janvier 1937 (Paris),

huile sur toile, 1,00x0,81m, MP 159, Photo R.M.N., Musée Picasso, Paris.

L'auteur de *Cahier Brun* (II, 17) précise : « Car ici nous sommes souvent obsédés par une conception primitive, à savoir que nous comparons la personne que nous voyons à une image mnémonique dans notre esprit, et que nous constatons que les deux s'accordent. C'est-à-dire que nous nous représentons « reconnaître quelqu'un » comme un processus d'identification au moyen d'une image (de même qu'on identifie un criminel grâce à sa photographie) » (CB II, 255). De Bertillon à C. Sherman, en passant par Mesrine…

On pourrait avancer qu'un objet visuel ne répond point aux critères de manifestation sensible (apparance) des images plastiques, dès lors que celui-ci peut se projeter sur n'importe quoi, en toutes circonstances. On a en mémoire l'efficience de ce procédé de projection (ch.IV), qui fait écran & empêche la mise en œuvre d'une expérimentation artistique.

« « Il compare le rocher à une forme humaine », « Il y voit une forme humaine » - mais pas dans le sens où il comparerait l'image et le chien, ou une photo d'identité *(Paßphotographie)* et un visage » (RPP II, 108). Ou encore : « En regardant la photo je ne me dis pas « On pourrait y voir un homme » » (RPP II, 108). On tentera de dégager ce que sous-entend l'esthétique wittgensteinienne à travers cette apparence de confusion entre objet visuel (référé) & image photographique (référent).

Pour quelle raison Wittgenstein peut-il affirmer qu'une image photographique montre toujours la même chose (RPP II, 80) ? On s'efforcera de la spécifier en recourant aux fragments suivants, précisant la nature des manifestations d'instauration esthétique, qui ne se *donnent* pas, qui procèdent d'une édification délibérée.

« Je vois sur une photographie (en noir et blanc) un homme avec des cheveux sombres et un gamin avec des cheveux blonds, lisses et bien peignés, debout devant une sorte de tour fait pour partie de pièces de fonte noircies, pour partie d'arbres et d'engrenages polis, etc, auprès duquel se trouve un grillage en fil de fer galvanisé. Les surfaces de fer travaillées, je les vois de la couleur du fer, la chevelure du jeune garçon, blonde, le grillage, couleur de zinc, bien que tout cela me soit donné *(dargestellt*) par des tons plus clairs ou plus sombres du papier photographique » (RC, 17, 41).

Rendre (*dargestellt*) quelque chose (référé) présuppose une transposition (*Übertragung*) préalable, opérée grâce à la constitution poïétique d'une image photographique. Cette restitution des apparences visuelles passe par le crible esthétique d'une semblance, manifestant des conditions de visibilité telles qu'elle ne « rend », à vrai dire, pratiquement rien de ce qu'elle est censée avoir « pris ».

Chez Wittgenstein, l'investigation esthétique de la Photographie part, effectivement, du sens commun, ainsi que lui-même le préconise. Seulement, après la mise en distance critique (*Verfredungseffekt*, Brecht) venant de s'opérer sous nos yeux, à la lecture de ce fragment, un retour vers le sens commun initial ne peut plus s'effectuer normalement, sans le secours d'artifices rhétoriques de persuasion.

« Mais est-ce que je vois réellement blonds sur les cheveux sur la photographie ? Quel argument y a-t-il en faveur de l'affirmative ? Quelle réaction de la part de celui qui regarde *(Betrachters)* la photographie doit-elle *montrer* qu'il *voit* les cheveux blonds et non pas seulement qu'il conclut *(schleiß)* qu'ils sont blonds et à partir des différentes nuances (valeurs) de la photographie ? – Si l'on me demandait de décrire cette photographie, je le ferais de la façon la plus directe avec de tels mots. C'est seulement si l'on récusait cette façon de décrire que je devrais en chercher une autre » (RC, 17).

Si l'on peut voir cette image photographique ainsi & en conclure ce qui nous regarde », c'est précisément parce qu'on n'accorde aucune considération aux manifestations des sensibilités photographiques. Pour décrire cette image (en faisant abstraction, ou en suspendant sa propriété esthétique de référent), le plus court chemin à emprunter consiste à concevoir une dépiction du référé (apparence), comme s'il se présentait au-devant de nous « en personne » !

Hegel (*Propédeutique philosophique*, §159) l'avait déjà noté : l'image plastique (en tant que *Äußerung* disparaît, les mots (*Ausdruck*) la remplacent. Seulement, ce type de procédé abréviatif appartient au domaine des observations psychologiques (RC, 20). « Si le mot « blond » peut lui-même sonner blond, combien plus les cheveux peuvent-ils paraître *(aussehen)* blonds sur une photographie ! » (RC, 17).

On ne lit pas que les cheveux *sont* blonds ; on lit juste qu'ils ont l'air blonds, font l'effet, *semblent* blonds - & ce uniquement en se conformant aux représentations d'usage du langage courantes, à l'œuvre dans les descriptions dépictives d'images photographiques, *considérées* comme des objets visuels (des apparences démunies d'apparaître, sans apparance recevable & rationnellement justifiée). Pour posséder bien des prestiges aux yeux des agents des pratiques sociales de la Photographie, ce genre de procédé a pour résultante une abolition, pure & simple, de toute éventualité d'entreprendre des expérimentations artistiques, de se livrer à une investigation esthétique, susceptibles de rendre justice à la Photographie.

Cela ne surprendra personne, Wittgenstein récuse toute légitimité – fût-elle domestique ou personnelle, « privée » - au recours à un tel procédé. Toute expérimentation artistique verserait dans l'aporie en s'opiniâtrant à vouloir mettre à profit un tel procédé. « C'est une démarche propre à la peinture que de faire voir une tache de lumière par le moyen d'une couleur *(ein Glanzlicht durch eine Farbe darzustelle)*| » (RC, 36). Ou encore, si besoin est : « Il existe une couleur or, mais ce n'est pas d'elle que Rembrandt s'est servi pour donner à voir *(dargestellt)* un casque doré » (RC,36). Dénoncée ici, l'erreur consiste à prendre pour signe ce qui n'est qu'un échantillon (DIC I, 112).

Entreprises à partir d'images photographiques, les expérimentations artistiques frayent la seule voie menant, *in modus rectus*, aux investigations esthétiques. Ne doivent pas interférer des sentiments, des émotions, des impressions…, si l'on escompte qu'un regard participe à l'assomption sensible des images photographiques. Toutes ces excursions « visionnaires » interdisent l'accès aux stases émerveillantes, caractéristiques des expérimentations artistiques.

« L'aspect s'exprimera aussi, éventuellement, dans la manière dont je copierai la figure, par conséquent, *en un sens*, dans la copie. Enfin je rendrai *(wiedergeben* : restituer) *différemment* par le dessin un visage donné, selon la manière dont je le saisis, bien que la photographie montre toujours la même chose. Encore une nouvelle raison pour parler d'un 'voir' » (RPP II, 80).

Relative à l'esthétique photographique, cette déclaration pourrait être considérée comme un aveu de son inanité – *flatus vocis*, pétition de principe. Ce serait s'égarer. On se méprendrait en lisant qu'une image photographique puisse s'émanciper des nécessités indispensables aux arts plastiques : constitution poïétique, instauration esthétique. La seconde phrase du fragment s'inscrit en faux contre cette velléité d'assurer aux images photographiques un statut esthétique autre que plastique.

En effet, rendre, restituer (*wiedergeben*) n'est concevable qu'en y associant une contribution formante-« déformante » (*Gestaltung*) : transfiguratrice, exprimable en termes de semblance, celle-ci résultant d'une constitution poïétique préalable, *comprenant* (prévisualisant) virtuellement des possibilités de changement d'aspect, formulables par le moyen *d'autres* (diverses, variables) conditions de visibilité.

Qu'une image photographique soit « vue » comme montrant toujours la même chose (un référé) dénote une considération « primitive » de l'esthétique photographique, en ce sens où celle-ci devrait se ranger dans la catégorie des objets visuels, affairés à reproduire des apparences, *a posteriori* descriptibles, verbalisables. Or la possibilité d'une telle « vision » idéale se trouve ruinée par une expérimentation artistique des plus rudimentaires. « Les choses auraient-elles des couleurs, si nous pouvions les voir comme bon nous semblerait ? » (RPP II, 17)

Afin de repousser cette bouffée de pseudo-libéralisme (*de gustibus…*), force est de revenir à la description des divers moments scandant une expérimentation artistique. Prime nécessité : « Une pensée n'est pas la même chose qu'un plan, parce qu'une pensée n'a pas besoin d'une interprétation, tandis qu'un plan en requiert une. […]…, cf. un certain nombre de reproductions d'un plan ou d'une photographie » (CC I, 27).

On se retrouve confronté au dilemme suivant. Etant donné que n'existe pas de compréhension spontanée (telle la génération du même nom) des images plastiques, on se trouve obligé de s'adapter à elles & d'accueillir leurs manifestations esthétiques altérantes (modification des conditions de visibilité) telles des promesses de délivrances de ce qu'elles ont à « dire » & qui nécessitent un effort de compréhension, fondé sur l'obligation d'une interprétation. Parce que si des images photographiques résultent d'une pensée, elles ne peuvent pas passer pour leur *expression naturelle*.

Interpréter une image photographique n'équivaut pas à se projeter sur elle (empathie), à s'en procurer une ou plusieurs visions fugitives. « Puis-je voir dans son visage celui de son père sans *penser* à son père ? Voir dans son visage celui de son père, c'était là à l'évidence une certaine façon de se *représenter* ce visage. Or il faut se souvenir ici que l'on ne *reconnaît* pas la représentation *(Vorstellung)* d'un homme comme étant une représentation de cet homme » (RPP II, 80).

Interpréter une image photographique consisterait à tendre, entre elle & un regard, une sorte de toile sensible, permettant de garder contact esthétique avec elle, en toutes circonstances, quel que soit l'angle sous lequel on la considère. « Mais après tout la *perception* visuelle (visuelle *Wahrnehmung*) elle aussi est dépendante de la volonté ! Si je regarde de plus près, je vois quelque chose d'autre, et je puis susciter à volonté la première impression visuelle » (EP, 162).

Autre aspect d'un commerce artistique avec des images plastiques (photographiques). « (Besoin très fréquent lorsque nous discutons d'une œuvre d'art.) Là où par exemple, il s'agit d'une question de phrasé (pour l'œil ou pour l'oreille) » (RPP I, 10). Par tâtonnement, ces approches d'exécution-interprétation « phrasées » cherchent un moyen de faire « sonner » une image convenablement, en sorte de pouvoir se mettre à l'écoute de ce qu'elle a à « dire ».

Concrètement, cette prédisposition conduit à ceci : « 'Maintenant tu as joué ce passage avec une autre expression' –'maintenant avec la même', et l'on peut même la caractériser par un mot, un geste, une comparaison ; malgré cela on ne conçoit pas *cette* expression *(Ausdruck* verbalisation) comme quelque chose qui puisse apparaître dans un autre contexte » (IE, 16).

L'expérimentation artistique d'une expression *(Äußerung)* d'une image plastique peut même, à la rigueur, on l'a déjà noté, se dispenser de verbalisation (*Ausdruck*). « L'expérience (*Erlebnis)* que l'on fait ici, c'est ce passage, joué ainsi (*ainsi*, c'est-à-dire de la façon dont en quelque sorte je me montre ; une description ne pourrait qu'y faire *allusion*) » (IE, 16). *Andeuten*, « allusion », spécifie un genre de représentation d'usage du langage, suivant laquelle il suffirait de décrire ce qu'on fait pour faire accroire à autrui qu'on l'a fait & compris ce qu'on n'a peut-être qu'imaginé faire (cf. ch.IV).

Si une expérimentation artistique d'image plastique ne peut pas se contenter de procéder par allusion, c'est qu'elle se destine à une découverte (émerveillante) de « la correspondance *exacte* d'un passage correct (convaincant) » (WRF, 173), telle qu'elle s'exemplifie à travers le passage suivant. « Prends un thème comme celui de Haydn (choral de saint Antoine), prends la partie des variations de Brahms qui correspondent à la première partie de ce thème, et donne pour exercice de construire la deuxième partie de la variation dans le style de sa première partie » (WRF, 298). Et bien entendu, c'est par là qu'on entre dans « le vif du sujet ».

Pourtant, une telle généreuse offre d'émerveillement artistique paraît régulièrement congédiée, au nom de motifs sur lesquels on va désormais se pencher. Sitôt qu'on considère une image plastique comme s'il s'agissait d'une représentation (*Vorstellung*, *Vertretung*, &c.), quasi automatiquement on substitue sa faculté de manifestation sensible (apparance), le plus souvent par des représentations d'usage du langage.

« 'Si j'imagine un rouge-gorge, alors, quels que soient mes intentions et mon objectif, je me donne à moi-même l'image d'un rouge-gorge'. Supposez que l'image en question soit en effet très vive. Pourquoi alors ne pas dire que vous vous donnez à vous-même un *rouge-gorge*, au lieu d'une image ? Nous pourrions distinguer l'un et l'autre d'une photographie : Je puis avoir la représentation d'une image de rouge-gorge exactement comme j'ai une représentation d'un rouge-gorge » (PHI II, 221).

Incluant une participation « critique » de la Photographie, cette simili-expérimentation artistique contribue notoirement à la spécification de l'esthétique wittgensteinienne. Contrairement aux « images » évoquées (représentation : *Vorstellung*), ce que produit la Photographie ne peut pas se définir en termes de représentation, mais de manifestation. Ou, posée autrement, la question consiste à montrer que ce que procure une représentation ne ressortit pas à une classe *d'objets plastiques*, tels ceux promus par la Photographie.

« Ce que nous nommons représentation du rouge-gorge n'est pas une image. C'est à tort (*représentation* d'usage du langage) que l'on applique « Je vois » à la représentation – mais on l'applique de bon droit à l'image.

« C'est pour cela que certains (dont Lichtenberg) ont suggéré que l'on ne devait pas dire « Je pense », mais « ça pense » » (PHI II, 221). Ou, pour être encore plus précis : lorsqu'on considère que la Photographie procède par représentation, « ça imagine » tout seul, sans possibilité de connecter cette considération à autre chose qu'une représentation d'usage du langage.

Cette discrimination figure ailleurs (CC III, 133), lorsqu'on est amené à devoir douter qu'imaginer puisse équivaloir à voir (cf. ch.IV), représentation (*cosa mentale*) à image (plastique). Grâce à ce trait discriminatoire, on éprouvera moins de gêne à dégager définitivement les raisons au nom desquelles la Photographie doit être conçue en tant qu'art plastique, & comment l'autonomie de son champ esthétique se trouve hors d'atteinte des modes d'appropriation symbolique, fondés sur un sentimentalisme empathique (CC III, 213).

Pourtant, l'assurance manque encore afin de bâtir solidement cette esthétique photographique, telle que Wittgenstein la suggère. Raison pour laquelle ce chapitre se fermera par un essai d'exposition montrant comment des expérimentations artistiques ne confirment pas du tout qu'elles débouchent sur les attentes de l'opinion prévalente, à savoir celle qui traite les images plastiques-photographiques comme si elles devaient être arraisonnées aux fonctions d'un accomplissement figuratif.

Réaffirmant la nécessité irréfragable d'une nette discrimination entre image plastique (référent) & ce qu'elle semble (référé), l'expérience suivante peut s'envisager : « … je ne dis pas que je remarque *(bemerke)* parfois que cette photographie est un visage |référé|.

« Je pourrais dire : Un portrait ne *vit (lebt*) pas toujours pour moi quand je le regarde » (EP, 228 ; TI, 338). En déclarant ceci, Wittgenstein entend souligner qu'un changement de considération s'avère indispensablement sollicité afin d'interrompre le cours d'une expérimentation artistique & de relayer celle-ci par une « vision » empathique.

Extrait de la première partie des *Recherches philosophiques* (TI, 71), un fragment envisage cette question. « Une photographie floue est-elle seulement l'image d'une personne ? Y a-t-il avantage à remplacer une photographie floue par une qui soit nette ? L'image floue n'est-elle pas souvent ce dont nous avons précisément besoin ? » (TI, 150).

Ce passage montre ostensiblement que la question du flou dénote une catégorie esthétique, qui correspond exactement à la transposition d'une manifestation esthétique de semblance. Tandis qu'on range habituellement la notion de flou parmi les qualités distinctives d'une figuration, Wittgenstein la replace parmi les catégories esthétiques concernant la figurativité (*Bildhaftigkeit*) des images photographiques.

Une telle réorientation de considération implique que l'on se penche sur les raisons au nom desquelles le moment d'appréhension figurative, facultatif & transitoire : non permanent ou stable comme un signe (EP, 228), *succède* obligatoirement à une expérimentation artistique du moment où une image montre (apparance : *dargestellt*), manifeste sa figurativité, sous forme de conditions de visibilité qui lui sont propres, qui permettent le dévoilement d'un aspect du champ des sensibilités photographiques.

En amont de toute autre considération, une investigation esthétique doit sonder de quelles ressources créatrices dispose la constitution poïétique d'une image photographique (plastique), en but de formaliser cette image, en lui conférant une « facture » (figurativité : semblance) qu'aucun autre art plastique ne peut produire à sa place.

« Par exemple il est impossible de re-présenter *(Darstellung*) sur le dessin par des traits ou des points épais, l'exactitude de ce qui est vu immédiatement » (GP, 258). « C'est exactement comme pour le souvenir que l'on a d'une image : on ne peut pas le re-présenter par cette image peinte de couleurs pâles. La pâleur du souvenir est tout autre que la pâleur de la couleur qu'on voit ; et l'impression de la vision est d'un autre type que le flou d'un dessin sans lignes nettes. (En effet on voit celui-ci avec juste l'imprécision que l'on voulait re-présenter par son manque de netteté ») (GP, 258).

Peut-on être plus explicite concernant la considération fort attentive que l'on doit accorder à la constitution poïétique des images plastiques - & en particulier des images photographiques ? Toutes disposent de latitudes de susciter des manifestations sensibles, étroitement liées aux facultés de sembler, spécifiques à chaque art plastique.

Ce que la peinture permet d'instaurer, la Photographie s'y refuse (même dans le cas de l'hyperréalisme ou de démarches picturales telle cette de Gerhart Richter) (RP, 248). Impossible de peindre, dessiner, photographier, graver… ce qu'on *voit* (RPP II, 103 ; GP, 258 ; CC III, 109).

Par contre, maintes expérimentations artistiques achoppent à se mettre en œuvre en raison d'un mode d'appréhension par trop global, expéditif (« saisir » une figuration, s'en contenter). « Les aspects des choses les plus importants pour nous sont cachés à cause de leur simplicité et de leur banalité. (On ne peut le remarquer parce qu'on l'a toujours sous les yeux) » (TI, 168 ; PHI I, 29). Evidence qui « crève les yeux » n'équivalant pas à une fatalité, dès lors qu'un tel moment d'étourderie peut être fort avantageusement surmonté en procédant à des expérimentations artistiques.

La question d'un « air de famille » concernant des analogies (TI, 148) ne pourra pas être évoquée, même si parfois elle se trouve étayée par des exemplifications photographiques (CCS, 67), même s'il s'agit de distinguer une image photographique « d' » un groupe familial, à ne pas assimiler à un groupe d'images photographiques (GP, 357). Le tour pris par l'esthétique wittgensteinienne permet de se poser cette question en termes de parenté entre champs plastiques voisins. Prioritairement, ce tournant de considération invite à porter l'attention du côté de l'art.

À travers un passage peu galvaudé de sa *Poétique*, on s'en souvient (cf. début du ch.IV), Aristote suggère : avec l'art, la soumission du regard à des conditions de visibilité impré*vues*, ne concernant pas la représentation, la considération doit s'attentionner, en priorité, à la figurativité & aux moyens poïétiques en réglant les modalités d'instauration esthétique (4, 48b 16-20). Par ce biais, s'esquisse un thème récurrent chez Wittgenstein, touchant les possibilités de « comprendre » des images plastiques.

Au début des années 1930 s'établit cette répartition des possibilités de compréhension des images plastiques. « De même que la compréhension d'une image peut vouloir dire deux choses : tantôt le fait de concevoir les taches de couleur d'une certaine façon, tantôt la capacité de se servir de l'image d'une autre façon. Le fait que l'on ait d'ailleurs souvent cette dernière possibilité en vue explique que l'on soit tenté de dire : comprendre une image, c'est (*heisst*) pouvoir dire ce qu'elle représente » (DIC I, 12).

Or tout porte à penser que la seconde modalité, dispensée de devoir procéder à des expérimentations artistiques (capacité de *se servir* d'une image), puisse être considérée comme bloquant l'accès à ce qu'une image a à « dire », i.e. à pouvoir la « comprendre ». Le fait de considérer l'image telle une « représentation spatiale » (GP, 50) oblitère la faculté de pouvoir la recevoir comme un échantillon d'espace plastique.

Ne faisant pas exception au cas de figure envisagé, la Photographie se voit ainsi convoquée pour subir un examen de compréhension. « Regarde une photographie ; demande-toi si tu vois aussi l'expression du visage *(Gesichtausdruck)* ! Demande-toi ce que tu vois : quel serait le moyen le plus aisé de l'exposer : par une description de cette répartition des tâches, ou par la description d'une tête humaine ? » (RPP I, 221).

La difficulté à surmonter n'est pas de savoir si l'on peut « voir un tableau de genre de différentes façons » (GP, 15), mais de spécifier, par exemple : « voir l'expression d'un visage », afin d'en entreprendre une description (RPP I, 221). S'il y a bien quelque chose qui demeure *invisible*, ce n'est certes pas l'image photographique, c'est l'« expression du visage » (*Gesichtsaudruck*), pour la bonne raison qu'une verbalisation ne peut pas être vue, s'associer à l'entreprise d'une expérimentation artistique.

En renvoyant à son inanité initiale cette prétention à vouloir décrire une image photographique, tantôt par ce qu'elle manifeste *(Äußerung)* sur un plan sensible, tantôt pour ce qu'elle *semble* figurer (un référé), identifiable-reconnaissable (empathiquement), ce qu'on verbalise (*Ausdruck*), en chaque tentative de « compréhension », achoppe par défaut de mise en œuvre descriptive *(Äußerung)* ou dépictive (*Ausdruck*).

En chaque cas, on fait dépendre la compréhension d'une image plastique de sa descriptibilité. L'objection touche en effet le genre de considération prêtée aux images plastiques, en particulier celles enclines à faire accroire que l'on peut voir une image plastique, un tableau de peinture (espace plastique), comme si on voyait ce qu'ils semblent de semblable manière qu'on les perçoit dans la nature (espace physique ; EP, 226).

Non seulement ce genre de « vision » est loin de correspondre à une coutume universellement établie (EP, 226 ; TI, 338), mais la verbalisation (*Ausdruck*) descriptive s'ensuivant s'avère rigoureusement incapable de transmettre ce que manifeste *(Äußerung)* une image sur un plan sensible. A ce régime-là, l'investigation esthétique des expérimentations artistiques qui la nourrissent n'aurait plus aucun sens à nos yeux, en dépit du fait que ce soient uniquement elles qui puissent être descriptibles.

Voici de quoi il en retourne & jusqu'où cela mène. « Dois-je alors dire que *l'impression* visuelle, le sens datum, l'objet visuel est quelque chose d'autre ? Ce concept ne me semble pas très bien convenir ici. Si l'on voulait se figurer que l'on voit la ressemblance ou la différence comme quelque chose du genre image, on les imaginerait alors comme quelque chose *d'accentué* dans l'image ; de même que pour montrer à quelqu'un en quoi consiste la différence de deux images on peut repasser fortement sur ce qui est différent. Mais quelqu'un qui voit dans les deux images ce qui a été retracé ne remarque pas encore pour autant la différence des images » (EP, 66).

La conclusion du fragment tend à montrer que, non seulement une simple vision ne livre pas accès à une manifestation esthétique, mais qu'au surplus une observation partielle (ressemblance, différence) de deux échantillons comparés ne procure pas la faculté de percevoir des différences *sensibles* entre deux images, tant que ne sont pas entreprises des expérimentations artistiques à partir d'elles. « Comprendre » des images semble apparenté à pouvoir les exécuter (interpréter) à l'occasion d'une expérimentation artistique, comprendre une manifestation expressive *(Äußerung)* sensible, ne nécessitant nulle verbalisation (*Ausdruck*).

Or, une note l'indique, le seul critère esthétique « plastique » pouvant se prêter à des expérimentations artistiques, du fait de sa labilité immanente, ne saurait être que l' « expression » sensible-artistique *(Äußerung)* (EP, 26). D'où un retour à une question déjà envisagée, mais pas sous cet angle. « Mais que veut dire qu'une chevelure sur une photographie apparaît blonde ? Qu'est-ce qui indique qu'elle *apparaît (aussieht)* et que la couleur n'est pas seulement *inférée (geschlossen*)? Quelles sont celles de nos réactions qui nous permettent de l'affirmer ? Est-ce qu'une tête en pierre ou en plâtre n'apparaît pas blanche ? » (RC, 65-66 ; cf. ch.I).

Pour l'écrire sans ambages, voici comment l'esthétique trouve sa justification, en demandant de fournir des raisons autorisant à tenir un discours (*Ausdruck*) sur des images plastiques, en les évoquant avec la plus grande méconnaissance de cause : justifier un sentiment, une impression imaginée (« voire » blond ce qu'un regard considére comme une valeur), expliquer par où procède ce phénomène de transposition (valeur en couleur), autrement qu'inféré *a priori*, indiquer les soi-disant réactions pouvant « prouver » que cela se déroule bien ainsi qu'on le dit & le décrit. Est-ce qu'en se bornant à des apparences, à des objectifications (PHI II, 148), on se trouve dans les meilleurs dispositions permettant de comprendre des images plastiques ?

À dessein de comprendre une image photographique, peut-être serait-il souhaitable que l'on entende ce qu'on accomplit quand on entreprend une expérimentation artistique. C'est donc bien à elle qu'incombe une description. « Pour saisir cela de façon plus claire, il nous faut ici comme en d'innombrables cas analogues, considérer les particularités des processus : *regarder de plus près* ce qui se passe » (TI, 141 ; CC III, 4).

« On observe pour voir ce que l'on ne verrait pas si l'on observait pas » (IE, 99) – voilà, en quelques mots, la raison d'être des expérimentations artistiques : soumettre le regard à de telles conditions de visibilité que l'image puisse susciter une stase d'émerveillement, & relancer, si possible, l'investigation esthétique afin de découvrir ce que des images plastiques ont à « dire » *(Äußerung)* que l'on puisse tenter de comprendre.

Vers 1930, Wittgenstein confiait à son ami Drury : « Si vous devez vous rendre à une telle exposition, il n'y a qu'une seule façon de le faire. Entrez dans la salle, choisissez une peinture qui vous attire, contemplez-la le temps que vous voudrez, ensuite sortez et ne regardez rien d'autre. Si vous voulez tout voir, vous ne verrez rien » (DCL, 114-115).

L'intérêt de cette remarque de prescription ne réside pas en ce qu'elle recommande explicitement, mais en ce qu'elle sous-entend implicitement : une possibilité d'établir un dialogue sensible avec une image plastique. C'est qu'on va envisager dès maintenant à l'occasion de l'ultime chapitre de l'essai.

# CHAPITRE VI
# De l'imagerie à l'image « dit »

Et j'ajouterai qu'il y a bien de la différence
entre peindre en mon imagination,
et mettre en action sous mes yeux.
Diderot, *Entretiens sur le Fils naturel*, III.

Compte tenu de ce qui a été exposé depuis le début de cet essai, l'argumentation présentée dès maintenant ne devrait pas poser de problème d'intelligence. Que la résultante d'une expérimentation artistique se formule en termes de « dialogue » sensible, établi entre une image photographique & le regard de celui qui l'exécute, voilà ce que Ludwig Wittgenstein énonce en toutes lettres.

« Et si nous disions maintenant : « Une image n'est quelque chose que dans un langage d'images ? » » (F, 69) – telle proposition programmatique va devoir se fonder en raisons. Il y va de l'autosuffisance *(autarkéia)* du champ des sensibilités photographiques. Peuvent donc se postuler des circonstances où des images photographiques, considérées à l'occasion d'expérimentations artistiques, parviendraient à un stade d'expression*(Äußerung)* où l'on pourrait entendre ce qu'elles ont à « dire » sur un plan sensible – pas rigoureusement visuel, si l'on tient rigueur qu'on a affaire à des manifestations d'instauration esthétique, susceptibles d'altérer nos conditions de visibilité.

La provenance de cette éventualité d'établir un dialogue sensible avec une image photographique se trouve clairement spécifiée. « Lorsque le tableau me dit quelque chose, cela provient de ses *formes* et de ses *couleurs* » (GP, 36). Plus bas, à l'intérieur du même ouvrage, la figurativité (*Bildhaftigkeit*) se trouve indubitablement désignée comme la source, la force énergétique (*Kraftfeld*) d'une image *plastique*, photographique.

« J'inclinerais à dire : 'l'image me parle d'elle-même' C'est-à-dire que le fait qu'elle me parle est fondé dans sa propre structure (dès sa constitution poïétique), dans sa forme et se couleurs.

« Ce serait comme si par exemple « cela me dit quelque chose » ou « c'est une image » signifiait : cela montre une combinaison quelconque de cubes et de cylindres » (GP, 177).

N'était la mention d'une définition quasi cézannienne de l'image plastique, cela ne changerait rien au fait que l'expressivité soit attachée de façon obvie à la nature sensible de ce que rencontre mon regard. Qu'une image (plastique, photographique) puisse « dire » quelque chose sur & grâce à sa manifestation esthétique n'inclut pas que cette image puisse nécessairement être reçue en fonction de son éventuelle (facultative) efficience figurative.

À supposer que cette lecture soit non erronée, on serait en droit de postuler deux choses : 1) cette expressivité plastique devance & subsume tout autre ordre de considération expressive ; 2) représenter, tenir lieu, figurer…, renvoient à des fonctions non esthétiques, inférées au moyen de représentations d'usage du langage.

« On pourrait dire : L'œuvre d'art ne veut pas transmettre *(übertragen* : transposer) *quelque chose d'autre*, mais elle-même *(sich selbst*) » (RM, 76). L'image plastique ne pourrait s'exprimer – immédiatement, non grâce à un truchement quelconque – qu'en « disant » quelque chose se rapportant directement à l'art dont elle provient. De ce point de vue-là, Wittgenstein s'avère formel : « A une telle explication, nous sommes tentés de répondre : ' Ce que la musique transmet, c'est *elle-même* !' » (CB, 273).

Afin de restituer toute sa pertinence à cette investigation esthétique, doivent être mentionnées un certain nombre de variantes roulant sur ce même thème d'une expressivité *(Äußerung)* sensible. Les deux fragments se succédant sans transition, sera conservée leur unité originelle.

« Quand je considère un tableau de genre, le tableau me « dit » quelque chose, même si je ne crois (n'imagine) pas un instant que les personnes que j'y vois soient réelles ou que des personnes réelles ne soient jamais trouvées dans pareille situation. Car qu'en serait-il, si je demandais : Qu'est-*ce* qu'il me dit, au fait ?

« 'Le tableau me dit' - (ce qu'il est) soi-même – voudrais-je dire. Le fait qu'il me dise quelque chose consiste dans sa propre structure, dans ses formes et ses couleurs. (Qu'est-ce que signifierait de dire « Le thème musical me dit (ce qu'il est) soi-même » ?) » (TI, 273).

Comme en bien d'autres endroits, Wittgenstein privilégie le plus figuratif, le plus « narratif » des genres picturaux : un tableau de genre (descente de croix, charge de cavalerie, &c.). Toutefois, en chaque occurrence, il prend soin de prévenir quiconque risquerait de se méprendre sur la considération qu'il réserve aux arts plastiques (à la Photographie, à la musique, à la poésie, à l'architecture…).

Avant de se raconter des anecdotes figurées -& ce par complaisance (empathie) ou par convention (iconographique, iconologique)-, l'image s'exprime sur la peinture, sur le dessin, sur la Photographie…, bref, « dit » quelque chose de son art grâce à ses manifestations d'instauration esthétique. Une objection stipule ainsi que croire ou imaginer ne figurent pas au programme d'une expérimentation artistique, ni à celui d'une investigation esthétique.

Cette réserve judicieuse prévient du risque de confondre l'image (référent) avec ce qu'elle semble (référé) – on va y revenir tantôt. En effet, aucun art plastique ne permet de produire des images parlantes – au sens où elles s'exprimeraient en recourant au langage ordinaire. On l'a noté plus haut (RM, 76), impossible à une image *plastique* de transmettre-transposer un « énoncé », ultérieurement formalisable en récit. Faillite de l'esthétique de l' « *Ut pictura poesis* » ?

Croire, imaginer, &c, se trouvent écartés des modalités d'accomplissement propres aux expérimentations *artistiques*. Les images plastiques ne peuvent « dire » que ce qu'elles sont capables de montrer (en qualité d'apparance), sous les espèces de manifestations d'instauration esthétique. Ceci signifie sans ambiguïté que tout ce qui fut tenu jusqu'alors pour une possibilité de « lire » ce que semblent ces images plastiques ne relevait pas d'un mode d'appréhension rationnel (croire, imaginer, se projeter, inférer...), puisqu'en mettant entre parenthèses la nécessité d'entreprendre des expérimentations artistiques, on devenait obligé d'inventer une « lecture », qui ne pouvait pas livrer accès à ce que ces images auraient dû nous « dire ».

Le changement de considération accordé aux images plastiques, Wittgenstein l'exprime en toute simplicité, rendant ainsi justice à la souveraineté de l'art, en l'exemptant de devoir subir des modes d'appropriation symbolique, lesquels finissent par se solder par un arraisonnement anthropomorphique de l'art, autrement dit à brader pour rien sa spécificité anthropologique : irréductibilité de son altérité sensible. « Je ne parle pas vraiment *de* ce que je vois, mais *à* ce que je vois », mentionne le *Cahier Brun* (CB II, 268).

Voilà en quelles dispositions sensibles peut s'envisager l'éventualité d'établir un dialogue avec des images plastiques. Indépendamment d'une expérimentation artistique d'exécution entreprise à cette intention, on supprime tout bonnement l'opportunité que des images plastiques puissent « dire » quoi que ce soit. Car cette faculté de manifestation sensible *Äußerung* d'une apparance) présente l'avantage de ne pas sombrer en des difficultés d'indescriptibilité (NE, 14) ou de localisation (CA, 63), dès lors qu'elle ne repose pas sur un processus de verbalisation (*Ausdruck*).

Encore qu'il soit permis de douter de l'universalité d'application de l'aphorisme suivant, figurant dès le *Tractatus*, on y recourra quand même pour tenter de spécifier, une dernière fois, combien l'esthétique wittgensteinienne se trouve indissolublement liée à cette essentielle discrimination entre image (référent) & efficience figurative (référé) – avec toutes les réserves imposées par le fait que celle-ci se définisse en termes de *semblance* (*Bildhaftigkeit* : figurativité), de présentation (*Darstellung* d'une apparance) & non de représentation (*Vostellung*), voire de verbalisation (*Ausdruck*).

« Ce qui *peut* être montré ne *peut* être dit » (TN, 59) «Was gezeigt werden *kann*, *kann* nicht gesagt werden » (T0, 43 ; TI, 53). On va essayer de montrer comment, à travers ce qui se joue dans cet aphorisme, en cantonnant le langage en son domaine, sans qu'il vagabonde à l'envi à travers ce que font accroire, imaginer ses représentations d'usage, l'investigation esthétique de Wittgenstein constitue sans doute une des rares démarches « esthétiques-éthiques », qui repose sur le plus profond respect de l'altérité & de l'art & de ceux qui tentent d'établir un dialogue sensible avec lui.

Du fait de la grande disparité entre l'objet qui imite et l'objet imité, dans bien des cas comme dans les autres, l'esprit peut se trouver non seulement satisfait, mais enchanté et même charmé et transporté par le résultat d'une ressemblance si imparfaite.

Adam Smith, *Essais esthétiques*. (ca. 1777)

La discrimination esthétique entre référent & référé, dont Adam Smith fait l'éloge de leur indispensable disparité artistique, contribue efficacement à l'argumentation en faveur d'une esthétique des arts plastiques, qui respecte impeccablement tous les partenaires en lice, à commencer par leur processus de constitution poïétique ; à savoir que, qui évoque plasticité présuppose des règles de jeu sensible à dévoiler entre ce que montre une image & ce qu'elle s'efforce de « dire ».

Pourtant, ce n'est pas une nouveauté, de façon presque régulière, ces règles du jeu de l'art ne découvrent pas de circonstances favorables à leur mise en œuvre effective, à partir du moment où des représentations d'usage du langage, reposant sur des procédés d'appropriation symbolique des images, rendent superflu un recours « naturel » à des expérimentations artistiques. Contre ces préjugés tenaces prévalant, bien que *stricto sensu* inventés de toute pièce, Wittgenstein va indiquer que, face à ce que montrent des images plastiques, aucun langage ne saurait exercer aucun droit, aucune emprise (arraisonnement normatif).

Nul principe de correspondance, de convenance ne saurait pouvoir s'établir entre un énoncé (*Ausdruck, statement*) & une image photographique (*Äußerung*) ; ni l'un ni l'autre ne peuvent se « traduire » (sans se trahir) (CC III, 9). Si l'on croit à la plausibilité d'une telle traductibilité, c'est qu'on tient pour équivalent imaginer & voir ; qu'on considère une image photographique pour une représentation d'un référé (CC III, 12). En ce cas, cela a déjà été mentionné, on peut se figurer qu'accrocher au mur le portrait de M. Smith, revient à l'accrocher *en personne* - & non en effigie (CC III, 29 ; cf. ch.IV).

Or si un tableau, une image photographique ne peuvent pas tenir lieu de ce qu'ils semblent, c'est pour la raison « logique » suivante, déjà avancée : « A bien des égards, les photographies *ne* ressemblent *pas* aux originaux » (CC III, 74 ; cf. ch III). Leurs constitutions poïétiques ne permettent pas de se charger d'un accomplissement de ressemblance, étant donné qu'elles ne peuvent que sembler, manifester, « dire » autre chose & autrement *(Äußerung)*. Comme si nous prétendions pouvoir dessiner, photographier, ce qu'on voit (CC II, 109 ; GP, 258).

De même, lorsqu'on argue en faveur d'une correction d'une image, tout ce que l'on tient repose sur ce qu'on en *dit*, sans prendre l'élémentaire précaution de se mettre à l'écoute de ce qu'une image a à « dire » (CC III, 114-115) ; la correction d'une image ne peut se vérifier qu'à travers la créance concédée à une verbalisation (CC III, 115). « Mais aucune image ne convient *(is right)* à quoi que ce soit. N'est-il pas juste de dire qu'ils mécomprennent l'image ? Une image n'est qu'un symbole » (CC III, 127 ; cf. ch.I, IV).

Ce passage souligne la nécessité d'un partenariat coopératif, établi grâce aux dispositions sensibles d'une expérimentation artistique. Wittgenstein ne discute pas du statut d'image plastique. Il l'évoque plutôt en termes d'engagement contractuel.

Aucune manifestation esthétique ne peut avoir l'heur de se produire indépendamment d'une mutuelle prédisposition préalable d'une image photographique & d'un regard chargé de la faire « sonner » (interpréter, cf. ch.V). On n'a donc pas affaire à une définition ni à une prescription d'usage, encore moins à une fonction (ch. III), étant donné qu'on a montré qu'elle ne représentait pas, du simple fait que sa manifestation sensible (apparance, *Äußerung* se décline en termes de semblance.

Ces ultimes reconsidérations permettent de conclure sur le fait que la question d'une autonomie du champ des sensibilités photographiques constitue la condition de possibilité pour que puissent se concevoir des expérimentations artistiques, permettant, *elles seules*, de pouvoir se mettre à l'écoute de ce que les images photographiques ont à « dire ».

Si l'on infère à une image photographique des propriétés appartenant à un espace physique (WRF, 158), ce qu'on verbalise, en survolant nonchalamment l'image, ne concerne que *nous*, sans engager ni garantie ni responsabilité de la part de l'image. Une image n'a rien à prouver, ni à fournir comme preuve ou témoignage fiables, parce que ce qu'elle a à « dire » n'a rien à voir avec ce qu'on imagine ou croit qu'elle dit.

« Nous ne jugeons pas les images, nous jugeons au moyen des images. Nous ne les examinons pas pour elles-mêmes, mais examinons autre chose (référé) avec elles (référent).

« L'image de l'assemblage n'est pas un assemblage ; l'image de la décomposition n'est pas une décomposition ; l'image d'une adéquation n'est pas une adéquation. Et pourtant ces images sont de la plus haute signification. *Voilà à quoi cela ressemble* quand on assemble, décompose, etc. » (WRF, 200 ; cf. ch.III).

# CONCLUSION ?

Avec tout ce qu'on a dû retenir de cet essai, déclarer une impossibilité de conclure constitue vraisemblablement la seule solution disponible qui lui convienne, sans risquer d'altérer la pensée de Ludwig Wittgenstein, sans avoir à se contenter de devoir se « payer de mots ». Pourtant, peut-on faire admettre que la Photographie « de » Wittgenstein doive se résoudre à être tenue pour l'équivalent d'une bouteille lancée parmi l'océan d'une industrialisation de la culture mondialisée ?

Tout incline à penser autrement, en termes *artistiques*, l'initiative conçue par Wittgenstein en faveur d'une esthétique photographique comme une « œuvre d'art », pensée à une époque de l'histoire humaine, hésitant, indécidablement, entre désenchantement & réenchantement du monde – pour évoquer le travail de Max Weber. Certes, il n'est pas de mise de prévoir l'avenir. Cependant, grâce à l'esthétique photographique « de » Wittgenstein, on peut se pencher sur le présent, à la surface duquel on flotte en s'efforçant de « nager à contre-courant ».

Wittgenstein a constamment été hanté, à la fois par un refus d'héritiers, mais aussi par son (quasi) refus d'hériter (R. Barthes) – encore qu'il ait rendu hommage à ceux à partir desquels il s'était édifié lui-même ; à la fois par une conviction que son œuvre demeurerait incompréhensible du fait de l'intransmissibilité de sa profonde expérience formatrice (*Bildung*) nourrie à l'école des arts.

Or il est à ce sujet permis de douter que ces deux aspects, contradictoires, d'une même hantise, revêtent l'efficience qu'il leur destinait. Au lieu d'écarter les prétendants aux arcanes d'une esthétique photographique, au sens propre sa démarche investigatrice produit une séduction telle que, à l'instar d'Ulysse, seul à ouïr le chant des Sirènes, elle requiert un investissement total afin de pouvoir être entendue, sans avoir à succomber à son charme incontestable.

De l'art, Wittgenstein suggère une considération fort exigeante. La Photographie n'échappe pas à la règle. Bannir toutes les attitudes dilettantes, nonchalantes, les complaisances, les futilités, les superfluités, cette « austère » conception des commerces artistiques ne constitue pourtant que la seule conduite à adopter afin de pouvoir restituer à l'art sa souveraineté, toute sa dimension anthropologique. L'art devient quelque chose qui se *mérite* ; de telle sorte que sa « profonde » dimension humaine fasse profondément résonner l'humanité de l'homme. C'est une « histoire d'amour », cela se conçoit comme une conquête « érotique » (Aragon, Ponge).

On aperçoit déjà les banderoles protestataires, brandies par les porte-parole du libéralisme démocratique. On peut y lire : « L'art est l'affaire de chacun » - & c'est sur le fondement anthropologique de l'art, de la Photographie en l'occurrence, qu'ils s'égarent, entraînant en leur sillage la « foule », rivée à son lopin de délectations distinguées. Or, en invitant quiconque à « sortir du rang », afin de prendre le risque de devenir ce qu'il devrait tendre à être (Pindare), on honore suprêmement la « souveraineté de l'art », titre d'un ouvrage de Christoph Menke, sans s'efforcer d'en abaisser les exigences impérieuses, au nom d'un combat contre l'élitisme, afin que l'art devienne art de masse, violon d'Ingres universel, économiquement rentabilisable.

Exalter l'humanité de l'art relève, vraisemblablement, d'un projet utopique (pourtant si courageusement défendu par E. Levinas & M. Dufrenne, il y a un demi siècle de cela : bizarrerie de la mémoire ou stratégie de l'évitement ?). S'efforcer de faire accéder la Photographie au rang des arts plastiques à part entière, sans se contenter de pétitions de principe, prononcées pour ou contre, s'assimile non pas à un projet ambitieux, mais à une réaction humaine, trop humaine, de « légitime défense » photographique. On ne rend pas justice à sa spécificité esthétique, à sa légitimité artistique, en passant sous silence (ou en censurant) ce que ses productions ont à « dire » à la face de l'humanité, grâce à quelles qualités expressives des images photographiques parviennent à manifester leur teneur de vérité (*Wahrheitsgehalt* ; je rends hommage à Rainer Rochlitz, récemment disparu) artistique.

Malgré son évidente difficulté d'admission, l'esthétique photographique échafaudée par Wittgenstein ne laisse pas d'être tour à tour la plus élémentaire & la plus sûre. Elle se trouve « obsédée » de pureté (éthique, esthétique) de l'art. Et cette « pureté » de l'art doit nécessairement répondre d'une économie fiable, saine & transparente. De la valeur des œuvres dépend la valeur admissible de l'art.

À ce propos, Wittgenstein accorde que cette valeur ne peut provenir que de l'immanence du champ des sensibilités photographiques - & c'est tout. C'est peut-être déjà trop demander. Toutefois, à qui s'adresse cette demande ? Ce n'est pas à l'homme de décider de la valeur de l'art, mais à l'art de rémunérer, en monnaie émerveillante, ceux qui participent au soutien de sa valeur anthropologique.

Les choses peuvent s'écrire autrement. La valeur de l'art dépend très étroitement de la teneur anthropologique de l'homme qui en reçoit les manifestations sensibles. Une même valeur-étalon doit pouvoir circuler ici ou là, de part & d'autre – sans dépréciation, dévaluation, inflation. L'ami intime de

Keneys table explicitement sur la teneur de vérité des images photographiques.

Et même s'il n'évoque pas ce qui « frappe » à l'occasion d'une expérimentation artistique en termes de changement des conditions de « visibilité (*Anschaulichkeit)* », critère esthétique emprunté à l'esthétique benjaminienne, si brillamment restituée par Rainer Rochlitz), il ne tombe pas dans le panneau d'une définition « sociologique » (R. Moulin) de la valeur de « visibilité des œuvres », exprimée en termes purement mercantiles (renvoyant aux stratégies économiques d'une industrialisation de la culture, promue à échelle planétaire : le « monde » de l'art ne partage rien en commun avec les stars, les gloires d'un siècle).

Naïf, candide, Wittgenstein ? Et si l'on répétait que la valeur de l'art répond de l'homme qui parvient à « vivre avec » lui, on mentionnerait que pour être en règle avec l'art, afin de pouvoir contracter des engagements émerveillants grâce à lui – seul, il faille, au préalable, être en règle avec *soi-même*. De quel intérêt la Photographie pourrait être aux yeux de tous si elle ne contribuait pas à un enrichissement formateur, interminable, de chacun ? Voilà en quels termes « économiques » peut se décliner le sens, la raison d'exister de la Photographie au regard des hommes – selon Wittgenstein.

Si « la coutume hébète les sens », après Montaigne Wittgenstein, en s'en tenant au niveau des choses où elles se manifestent (« Qu'y a-t-il sous mon regard ? »), suggère un programme d'« éducation » esthétique de la Photographie, auquel n'aurait su souscrire un romantique comme Schiller. Selon l'expression d'Adorno, son ambition consiste en une « débanalisation » (*Ausseralltäglichung*) de l'art : dégager l'art de ses arraisonnements culturels. Rapprocher l'art de l'homme, les réconcilier au lieu de les diviser, revient à restituer à l'humain des facultés esthétiques perdues, symptomatiquement, depuis l'avènement historique de la Photographie.

Aussi dispendieuse soit-elle en disponibilité, une telle ambition anthropologique s'avère la seule somme d'investissements à miser au bénéfice d'un avènement de manifestations de sensibilités photographiques, demeurées dans l'ombre d'une « préhistoire » de la Photographie, depuis un siècle & demi. Ce phénomène ne s'apparente-t-il pas à celui des trouvailles & autres bizarreries naturelles, serrées dans les cabinets de curiosités, en attente de « savants » capables d'en percer le mystère ?

À cet égard, la surprenante « performance » de l'esthétique photographique wittgensteinienne, non contente de lui accorder un sens anthropologique & une souveraineté artistique sûre, étayée par des raisons immanentes, au surplus dote la Photographie d'une faculté d'inscription historique (non usurpée ou aléatoire, arbitraire). S'ouvre, s'inaugure (enfin !) *une histoire des sensibilités photographiques*, résolument propice à ses possibilités d'advenir, en étant incessamment soucieuse d'élargir les limites de son champ artistique.

La « leçon », si c'en est une, serait que l'histoire de la Photographie –au lieu de se présenter comme la généalogie chronologique, simili-biblique, de ses agents, peu ou prou talentueux ou méritoires -, devienne celle des productions, parvenues à s'inscrire *significativement* à l'intérieur de leur champ artistique, grâce au fait qu'elles aient réussi à instaurer des conditions de visibilité telles, qu'indépendamment d'elles, l'aspect de ce champ plastique serait demeuré identique à lui-même : figé en une éternelle platitude, une uniformité obscure.

À la Photographie, Wittgenstein possède le don de pouvoir suggérer comment lui restituer ses lumières. Si par certains accents l'esthétique photographique ainsi promue « phosphore », participe d'une *Aufklärung*, c'est précisément qu'elle fait date dans l'histoire de l'humanité, en montrant, sans ambiguïté aucune, que pour échapper au laminage d'une histoire « à l'ancienne », évènementielle, digne des almanachs d'antan, elle s'avère capable, tour à tour, de fonder cette histoire des sensibilités photographiques, tout en ne réglant pas les phases de ses transformations de champ enrichissantes sur des événements déterminés par une causalité humaine.

À vrai dire, ce que dégage l'investigation de l'esthétique photographique, pensée & inaugurée par Wittgenstein, peut être défini en termes d'*épopée*. N'a-t-on pas suffisamment insisté sur cet entrelacement continuel de merveilleux & du vrai, par où s'illumine progressivement une considération radicalement autre & brillante de la Photographie ? À ceci près que Wittgenstein, par un tour qu'on peut qualifier de *sublime*, se destitue de son titre de héros afin de l'offrir à quiconque concède de l'accompagner au fil des péripéties marquant les épisodes de son aventure artistico-humaine.

Qu'en art, il y est beaucoup d'appelés & peu d'élus n'implique nullement une conception « élitiste » de l'art. Seules des idées aigries peuvent nourrir d'obscurs ressentiments dressés *contre* l'art, autrement dit contre *ceux* qui se « sentent visés », exclus de pouvoir mériter l'art. Une fois de plus, ces slogans surannés ne peuvent que renvoyer à leur inanité foncière.

« Tout en étant savant, on n'en est pas moins homme »…, voilà, en quelques mots, le « secret » de l'esthétique photographique, léguée par Ludwig Wittgenstein. Tutoyer l'art comme il a su le faire ; chapeau bas : Hermès passe…

Paris, Septembre – Novembre 2002.

# APPENDICE

## *La Photographie confrontée à la loi*

À bien des égards, il peut sembler surprenant d'accorder quelques paragraphes à une telle comparution. N'étaient plusieurs allusions, glissées de-ci de-là, notamment lors de l'épilogue de cet essai, on voudrait surtout attirer l'attention sur la légitimité d'une telle confrontation, puisqu'elle s'enracine dans la considération « éthique-esthétique » consacrée par Wittgenstein à la Photographie.

Si la Photographie peut plaider non-coupable au cours des innombrables « procès » où elle a dû comparaître en effigie, peut-être serait-il désormais opportun d'accorder une « parole » à la Photographie, citée comme témoin impartial au tribunal de la raison. De quel soutien la loi dispose-t-elle pour « défendre » la Photographie contre les accusations dont elle a (presque) toujours fait les frais ?

Dans quelle mesure & dans quelles proportions les dommages qu'elle a pu subir peuvent-ils obtenir une quelconque « réparation », voilà ce que l'on tentera d'exposer, le plus succinctement possible, en s'appuyant sur un seul ouvrage : *Le Droit saisi par la photographie* (2001, EDP, en abrégé), de Bernard Edelman. Et d'abord, la Photographie possède-t-elle une *âme* dont elle puisse répondre lors d'une citation à comparaître au tribunal de la raison ?

> « L'âme est ce qui fait que, dans la perception, il y a toujours autre chose que la simple image de la chose et que celle-ci, au moment même où elle est donnée, « fait penser » à quelque autre objet. »
>
> François Châtelet, *Platon*, III, p.125.

Par un hasard anagrammatique, on s'aperçoit que « holiste » peut être lu « hostile ». Cependant, loin d'être innocente, on l'a montré à plusieurs reprises, cette simple redistribution graphique permet de dévoiler un arrière-plan « dramatique ».

En effet, toute la question de la teneur anthropologique des actants comparaissant sur la scène des événements culturels, on le verra en son temps, revient à enquêter sur la teneur de responsabilité, éthique-esthétique, de ceux qui, devant la loi, doivent en répondre, ne serait-ce que vis-à-vis des commerces entretenus avec l'art.

Il va donc falloir examiner la façon dont la loi peut infirmer ou confirmer que des productions photographiques satisfont aux critères d'exigibilité propres aux « œuvres de l'esprit ». En d'autres termes, il va s'agir de prendre en compte comment une considération plastique de la Photographie peut être reconnue légitime & d'utilité publique.

Alors qu'on a exposé de quelle manière une conception holiste, celle spécifique aux pratiques sociales & à leur propos d'accompagnement, se traduisait par une réaction hostile, face à la perspective de devoir admettre (légitimement) la Photographie au domaine des arts plastiques, maintenant c'est à la loi qu'il appartient de trancher – loi qui suit, en fait, celle de la plasticité de la Photographie, étant donné que cette « loi » (artistique) repose sur des critères de rationalité esthétique.

Ultérieurement, on mesurera toutes les conséquences induites par ce recours à des procédures légales. Pour l'instant, on commencera par examiner sur quels critères solvables, vérifiables par voie d'expérimentations artistiques, la loi peut « défendre » des images photographiques ou, au contraire, les abandonner à la sort de « marchandises ».

### I.1. – **La donnée poïétique exigée par la loi**

Même si la justice ne recourt pas à un vocabulaire esthétique, elle procède aux mêmes distinctions, établies plus haut, notamment pour des critères de rationalité esthétique tels référent, référé, semblance, apparance… Le droit exige que les images photographiques procèdent par *formation* (*Gestaltung* : constitution poïétique) obvie, « sinon ma photographie ne révèlerait que cette chose : la nature est déjà appropriée » (EDP, 39-40).

Propre, propriété, appropriation s'épaulent mutuellement pour garantir la « valeur » (en l'occurrence juridique) d'une image photographique en tant que résultant d'une « production de l'esprit », dont la justice peut prendre « fait & cause », le cas échéant. A savoir : le droit ne peut s'appliquer qu'à des images *photo*graphiques, qui puissent *montrer* la teneur de l'esprit créateur de ceux qui les ont conçues.

En d'autres termes, pour qu'une image photographique puisse comparaître au tribunal des hommes, elle aura déjà dû comparaître au « tribunal » de l'esthétique, dès lors que ses conclusions auront confirmé & attesté, d'une manière esthétiquement incontestable, la teneur de vérité *(Wahrheitsgehalt),* sa faculté d'expressivité (*(Äußerung)* d'une semblance), garantie par son aptitude à actualiser des bouleversements significatifs de nos conditions de visibilité *(Anschaulichkeit).*

On vient de le voir, la justice ne s'attarde pas à défendre des images photo*graphiques*, qui ne peuvent répondre que de leur teneur chosale *(Sachgehalt)*. Si un juge ne parvient pas à distinguer un référent d'un référé, il doit en conclure que cette production photographique ne peut pas être défendue à titre de « propriété littéraire &

artistique ». Par des voies rationnelles & légales, juges & esthéticiens œuvrent de concert.

A ce propos, le droit déclare : « Il n'y a pas seulement propriété par appropriation, comme disent les philosophes, mais propriété par nature, par essence, par indivision, par indivisibilité de l'objet (référent) et du sujet (référé) » (EDP, 41). « Pour m'approprier « intellectuellement » ce qui est à tout le monde, je dois non pas le reproduire – car je ne ferai qu'exposer ce qui est à tout le monde -, mais le produire » (EDP, 41).

Seule la constitution poïétique d'un référent permet au juge d'apprécier si, oui ou non, cette image photographique peut s'estimer relever d'un cas de « propriété littéraire et artistique » justiciable. En cas de défection ou d'insuffisance poïétique, le tribunal doit trancher impartialement.

« Pour tout dire, même la reproduction photographique d'une gracieuse jeune fille (référé) ne suffit point à caractériser l'appropriation intellectuelle(|semblance apparante avérée), car « les seuls traits d'un visage […] ne sont pas susceptibles d'appropriation » |tribunal de la Seine, 3 mars 1943| » (EDP, 53).

Le tribunal des hommes, a-t-on postulé, ne diffère guère du « tribunal » des arts. Une image photo*graphique*, oublieuse du processus de constitution poïétique & du processus (apparance d'une semblance) de manifestation d'instauration esthétique, dépouille son auteur de son aura d'intellectualité. « Autrement dit, la photographie ne bénéficie de la protection légale qu'à la 'condition de porter la marque intellectuelle, empreinte indispensable pour donner à l'œuvre le caractère d'individualité nécessaire pour qu'il y ait création' (Cour de cassation, chambre civile, I, 23 juin 1959) » (EDP, 52).

En quelque sorte, l'asthénie esthétique de l'image photographique, par un juste retour des choses, « dénonce » l'inconsistance de l' « esprit » qui prétend en être l' « auteur » (I.2 & II). L'image de celui qui la produit avec la même impartialité que celle du juge n'estime pas comme une œuvre de l'esprit une production photographique obtenue n'importe comment.

À l'instar du roi Salomon, il lui faut la « preuve » que l'image photographique peut, universellement, répondre de sa constitution poïétique & obtenir légalement (esthétiquement), le statut particulier d'une propriété littéraire & artistique. La seule chose qu'un tribunal puisse entériner, c'est que chaque image « réverbère » « l'influence personnelle de l'auteur, et qu'il n'en existe jamais qui soient identiques » (EDP, 72).

Si un tribunal est en droit d'estimer la teneur de vérité *(Wahrheitsgehalt),* par-delà la valeur chosale *(Sachgehalt),* d'une image photographique, c'est que l'expertise à laquelle se livre un juge repose sur une conception éthique-esthétique, non seulement pour procéder à une discrimination radicale (juridiquement & esthétiquement parlant) entre référent & référé ; mais, surtout, vraisemblablement, pour « blanchir » l'image photographique de tout défaut de responsabilité, en restituant celui-ci à l'auteur d'une production photographique qui, malgré elle & grâce à elle, refuse de cautionner des faits qui révèlent, de façon criante d'évidence, la « misère » d'investissement intellectuel auquel on est en *droit* de s'attendre, qui exprime *(Äußerung)* & garantit la valeur artistique de l'image.

## I.2.- **« Personne » ou « persona »**

La phrase qui vient d'être rédigée stipule explicitement qu'à la question : « Qui est l'auteur de cette production ? », on doit répondre personne ou n'importe qui. Cette situation est inacceptable pour un tribunal que doit trancher en l'absence de personne responsable. En conséquence, on se trouve devant un cas de « persona » : un masque, un rôle, un caractère –*prosopon*). Depuis quand en juge-t-on ?

Depuis que l'« auteur » (promoteur) des productions photographiques, fuyant ou déniant ses propres responsabilités (éthiques-esthétiques), s'est cru autorisé à se retrancher derrière un personnage (persona). Des productions photographiques, il accepte d'en tirer des bénéfices (matériels, symboliques), des « droits d'auteur », sans avoir à se justifier rationnellement sur la teneur plastique-artistique de ses photos. En bref, il veut le beurre sans l'argent du beurre ou : il lui manque toujours 99 centimes pour faire un euro. Or Bernard Edelman dépeint scrupuleusement ce moderne Protée de carnaval, ce virtuose malheureux du *larvatus prodeo* (pour parler comme Descartes).

« Le personnage est un être bloqué, voué à la répétition ; ce qui lui donne existence produit aussi sa propre mort, puisqu'il ne peut changer sous peine de devenir un autre et donc de se perdre. Or, c'est précisément le « même » dans lequel il évolue qui lui donne sa force ; c'est le sentiment de sécurité qu'il procure qui lui donne sa réalité ; sa permanence rassure puisqu'il est toujours reconnaissable » (EDP, 142).

Calamité pour la création artistique en Photographie (& ailleurs), la « monomanie » devient un procédé de déresponsabilisation consistant (notez bien qu'on ne cite personne…) à faire accroire & à obtenir une qualité distinctive (propriété littéraire & artistique) à des brimborions, à des pastiches de productions intellectuelles, alors qu'on fait toujours la même chose sans *réfléchir* (ou si peu), sachant tout le prix qu'on doit attacher à la mollesse (Helvétius) qui, à l'instar du rêve (Freud), *ne pense pas* !

Voici en quelques mots, somme toute pathétiques & navrants, pourquoi la Photographie se trouve catapultée, nouvel « homme canon », atterrit sur un échafaud culturel sur lequel un mime borgne s'autoproclame Seigneur des Aveugles. Seulement, il fallait s'y attendre, la justice ne joue pas le dindon de la farce. Bas les masques (Mozart, *Don Giovanni*, 1787, Acte I, sc.XX).

« Mais, et là le droit rejoint Hegel, dans un cas comme dans l'autre, elle ne devient une œuvre de l'esprit qu'à condition de lui imposer la marque d'une personnalité ou si l'on préfère, de l'individualiser, de la faire sortir de son « détachement désintéressé ». Faute de quoi, elle retournera à son statut de *res communis* » (EDP, 187).

En se ferrant à la rectitude inévitable d'une conduite compulsive, un monomaniaque renonce de lui-même à s'exposer à la justice en tant qu'« auteur » responsable, préférant ses productions jugées à sa place. Tout sauf un « auteur », ce monomaniaque générique (chacun sait fort bien qu'ils sont légions, se reconnaissant entre eux par de mystérieux signes de pseudo-identité…) force le tribunal à le condamner : « La Cour rejoint, ici, l'étymologie même de « auteur » qui vient du supin du verbe *augere* (augmenter) : l'auteur est celui qui « augmente » ce qu'il voit » (EDP, 191).

Avec notre monomaniaque, le drame est qu'il se méprend sur ce que la justice entend par augmenter. Il prétend substituer le qualificatif par le quantitatif. Alors que le droit s'attend à rencontrer un homme (« auteur » : *homo additus naturae*), se présente à la barre un personnage bardé de certitudes, retranché derrière la masse de sa production (*res communis*), protestant qu'on veuille bien reconnaître sa « vulgarité » (au sens étymologique du terme) comme marque d'imposition de son estampille « intellectuelle ».

Malheureusement pour tout le monde, la justice a d'autres chats à fouetter que de perdre son temps en procédure de dénonciation de telles « impostures » intellectuelles, de cette redoutable « contrebande culturelle » (Pierre Bourdieu), dont la « vie de l'Esprit » a à subir des assauts incessants, dès lors que ceux-ci ne font qu'obéir aux inhumaines règles de la loi du marché.

## II. – Le rôle du marché dans l'obtention d'un label artistique

On ne peut pas stigmatiser la justice de « baisser les bras », de se laisser entraîner au gré du flux libéral d'un « laisser faire », d'abdiquer la prééminence de ses exigences éthiques (& esthétiques). Existe une bonne raison à ce que la justice se désintéresse de l' « industrie » des personnages photographiques. C'est leur *irresponsabilité* (d'auteur véritable) qui rend rédhibitoire toute éventualité d'estimer la teneur qualitative de leurs marchandises.

D'une part, parce qu'ils osent présenter comme échantillons d'œuvres de l'esprit ce qui n'en sont pas ; d'autres part, & surtout, on va essayer de le montrer, parce que la société industrielle a décidé, pour des besoins mercantiles & politiques, arbitrairement de l' « artisticité » – la « distinction » (P. Bourdieu) de ces bricolages répétitifs. On ne peut donc pas juger la justice en dénonçant à tort ce qu'on estimerait pour du laxisme, alors, qu'en fait, la justice ne peut légiférer que sur des individus, non sur des sociétés.

« … la prise en compte de la photographie et du cinéma par l'industrie va produire les effets juridiques les plus inattendus : le photographe sans âme va être intronisé artiste, le cinéaste créateur, *lorsque les rapports de production vont l'exiger* » (EDP, 48). A savoir : « C'est qu'il suffit de permuter les termes dans une même structure : la machine sans âme devient l'âme de la machine » (EDP, 54).

Voilà en quelques termes frauduleux a pu se concevoir une « histoire » de la Photographie, sans qu'à aucun moment elle ait été consultée ni impliquée dans la rédaction de ses fables. La reconnaissance « artistique » de la Photographie devenue une *nécessité* de l'industrie (EDP, 50), qui se scandaliserait alors en découvrant que l'histoire de la Photographie n'a jamais été que la transcription soumise (voire dévote, béate) du panégérique dédié à la gloire de la société industrielle ?

D'ailleurs, Edelman accrédite cette visée objective de la manipulation des faits historiques au bénéfice d'une industrie triomphante, nimbée des lauriers d'une conquête planétaire : « … le *vrai sujet créateur, c'est le capital* » (EDP, 60). Essayons d'étayer de raisons l'inquiétude que suscite un tel état des lieux, pas très reluisant, qui en disconviendrait ? – d'autant qu'à mesure qu'on progresse dans cette petite enquête, le ciel s'obscurcit, l'atmosphère devient irrespirable.

L'assiette de l'industrie se base sur l'accroissement de ses bénéfices. On s'en souvient (Epilogue), c'est sur ce fondement idéologico-industriel que, dès 1839, Arago aliène le « destin » de la Photographie à la satisfaction des pratiques sociales, quasi exclusivement. Or, il faut s'y résoudre : « … la preuve du caractère documentaire ne résiderait en rien d'autre que son utilisation commerciale » (EDP, 53).

Il fallait oser écrire cela, surtout à une époque où l'on s'évertue à réenchanter la Photographie en faisant flèche de tout bois, autrement dit : en des *res communis* à l'aune des œuvres de l'esprit. Or, en cette occurrence, on n'a pas affaire à des enflures ridicules, à de désastreuses méprises d'objet ; éthiquement-esthétiquement, on se trouve confronté à une situation inadmissible, en ce sens qu'on est contraint de reconnaître comme objets de propriété littéraire & artistique, comme œuvres de l'esprit, des « machins » produits en dépit du bon sens, machinalement, en série, sans y réfléchir juste pour répondre aux lois du marché & de la concurrence.

Jusqu'à quel degré de complicité peut-on accepter ces faits inadmissibles, dans la simple mesure qu'ils procèdent par nivellement & de la Photographie, de l'histoire de ses sensibilités, & de celles & ceux qui sont en droit de s'insurger contre la mainmise sur les facultés critiques de chacun, confiscation du pouvoir de délibérer librement sans devoir se ranger à des critères pseudo-« artistiques », décrétés par les usagers & les porte-parole de la doxographie consacrée aux pratiques sociales de la Photographie ?

Là encore, Edelman ne fait pas misère de lucidité, lorsqu'il note : « La révélation est étonnante : l'activité créatrice – i.e. ce qui exprime « la personnalité de l'homme » - peut être soumise à un contrat. Autrement dit, il suffit de clauses contractuelles pour transformer une activité créatrice en dépense pure et simple de force de travail » (EDP, 61).

Voici à quoi renvoie l'observation précédente, relative à la teneur de vérité artistique des pratiques documentaires industrialisées. Petit à petit, la « machine » emballée, broyant tout sur son passage, que subsistera-t-il de nous-mêmes & de la Photographie qui puisse répondre de sa responsabilité face au tribunal de la raison ?

« On savait que l'homme signifiait la propriété, on va apprendre, noir sur blanc, que la propriété signifie l'homme, que les « attributs » de l'homme, ses « émanations » peuvent être un immeuble, une maison, des murs » (EDP, 94). « Cela veut dire, en bon français juridique que, de même qu'un peintre ou un photographe peuvent re-produire les traits d'une personne sans son autorisation, de même ils peuvent re-produire l'image d'une propriété. Autrement dit, la chose est traitée comme la personne. Il y a un consentement de la chose, car la chose a sa pudeur et son honneur » (EDP, 96).

Et où tout cela mène-t-il, sinon à une dépersonnalisation du sujet, concomitante à une personnalisation des choses. Ce qui laisse présager de graves confusions entre ce qui ressortit au domaine public & ce qu'on rapporte arbitrairement (cf. entre autres, les *Notes sur l'expérience privée...* de Wittgenstein) à la sphère du privé.

Si, d'un côté, on doit reconnaître : « La mise en mouvement de la propriété (créant) bien une liberté et une égalité, (toutefois) cette liberté et cette égalité sont celles-là mêmes de la propriété privée » (EDP, 110) ; d'un autre côté, peut-on souscrire à cette observation : « On a vu, au fil des espèces, s'élaborer une phénoménologie de l'espace bien caractéristique de notre société : non seulement le public et le privé permutent sans cesse – on trouve du public dans le privé et du privé dans le public – mais encore nous assistons à une mercantilisation quasi irréversible de l'espace social » (EDP, 178) ? Existe-t-il encore des choses qui ne soient pas vendables ? Certains ne vendent-ils pas du vent, des ombres, d'autres leur âme ?

« Le sujet de droit se possède lui-même en tant qu'objet de droit : il réalise ainsi la Forme la plus développée du sujet : la propriété de soi-même. Il réalise sa liberté dans le pouvoir qui lui est reconnu de se vendre. |...| Ai-je besoin de le rappeler ? Le sujet de droit a « permis » que le « réel » entre dans le commerce ; il a « permis » que l'homme soit objet de contrat » (EDP, 123).

À qui la « faute » dans toute cette histoire ? Après tout cela on voudrait nous faire croire qu'holiste ne signifie pas droitement hostile – à tout ce qui nous entoure, qui veille jalousement à ce qu'on reste sagement dans le rang, que la Photographie n'est qu'une affaire de gros sous, qu'on assume en tant qu'artiste (« travailleur intellectuel ») en refusant d'assumer sa propre responsabilité éthique-esthétique, & j'en passe ?

Et si au lieu d'être hors la loi, (les pratiques sociales de) la Photographie devait s'estimer être *au-dessus* des lois ? Tous ces scénarios invraisemblables pourraient s'accomplir, à condition non, de transférer l'âme de l'homme dans la machine ou de muer une machine sans âme en âme de la machine (EDP, 54), mais de restaurer l'homme en une sorte de « dignité » où, au lieu d'être systématiquement *agi*, il entreprendrait la reconquête de ses moyens d'action, de ses facultés de créer des images photographiques, dont il pourrait répondre devant la justice, que ce sont bel & bien des œuvres de l'esprit & qu'à ce titre elles doivent juridiquement être reconnues comme relevant du droit des « propriétés littéraires et artistiques ». Mais, en définitive, ça intéresse *qui*, *qui* aurait intérêt à ce que les choses se passent ainsi plutôt qu'autrement ?

Paris, 23-24 Juillet 2003.

# BIBLIOGRAPHIE

**CB** : Le Cahier Bleu et le Cahier Brun |The Blue and Brown Books|, Etudes préparatoires aux Investigations philosophiques, suivi de Ludwig Wittgenstein par Norman Malcolm, avec une notice biographique de Georg Henrick von Wright, trad. Guy Durand, préface de Jean Wahl, col. Les Essais n° CXVI (Paris, NRF-Gallimard, 1958-1965).

**CB II** : Le Cahier Bleu et le Cahier Brun, préface de Claude Imbert, trad. Marc Goldberg et Jérôme Sackur, col. Bibliothème de philosophie (Paris, Gallimard, 1996).

**CA** : Carnets 1914-1916 |Notebooks 1914-1916 (London, Basil Blackwell, 1961)|, trad., introduction et notes de G.G.Granger, col. TEL n°283 (Paris, Gallimard, 1971-1997).

**CCS** : Carnets de Cambridge et de Skjolden 1930-1932, 1936-1937, éd. Ilse Somavilla, trad. et présentation par Jean-Pierre Cometti, col. Perspectives critiques (Paris, PUF, 1999).

**DCL** : DRURY (Maurice), Conversations avec Ludwig Wittgenstein, éd. Rush Rhees, trad. et présentation par Jean-Pierre Cometti, col. Perspectives critiques (Paris, PUF, 2002).

**CC I** : Les Cours de Cambridge (1930-1932), établis par Desmond Lee d'après les notes de John King et Desmond Lee, trad. Elisabeth Rigal (Mauvezin, TER, 1988).

**CC II** : Les Cours de Cambridge (1932-1935), établis par Alice Ambrose à partir des notes d'Alice Ambrose et Margaret Macdonald |Wittgenstein's Lectures, Cambridge 1932-1935 (Oxford, Basil Blackwell, 1979)|, trad. Elisabeth Rigal (Mauvezin, TER, 1992).

**CC III** : Les Cours de Cambridge 1946-1947, Cours sur la philosophie de la psychologie, notes de P.T.Geach, K.Shah, A.C.Jackson, éd. P.T.Geach |1988|, trad. Elisabeth Rigal (Mauvezin, TER, 2001).

**CF** : Cours sur lesfondements des mathématiques, Cambridge, 1939, établis par Cora Diamond (Chicago & London, 1975, 1976), trad. Elisabeth Rigal (Mauvezin, TER, 1995).

**DIC I** : SOULEZ (Antonia), sous la direction de, Dictées de Wittgenstein à Weismann et pour Schlick, I, textes inédits, années 1930, col. Philosophie d'aujourd'hui (Paris, PUF, 1997).

**EP** : Etudes préparatoires à la IIème partie des Recherches philosophiques (1948-1949) |Letzte Schriften über die Philosophie der Psychologie, Band 1 : Vorstudien zum zweiten Teil der Philosophischen Utersuchungen, Herausgegeben von G.H. von Wright und Heikki Nyman, Basil Blackwell Publisher Ltd, 1982|, trad. Gérard Granel (Mauvezin, TER, 1985).

**F** : Fiches |Zettel (Oxford, Basil Blackwell, 1967)|, éd. G.E.M.Anscombe et G.H. von Wright, trad. Jacques Fauve, col. Bibliothèque des Idées (Paris, Gallimard, 1970).

**GP** : Grammaire philosophique |Philosophische Grammatik (Oxford, Basil Blackwell, 1969)|, (c. 1934), éd. posthume due aux soins de Rush Rhees, trad. et présentation Marie-Anne Lescouret, col. Bibliothèque de philosophie (Paris, Gallimard, 1980).

**IE** : L'intérieur et l'extérieur, Derniers écrits sur la philosophie de la psychologie, II |Letzte Schrifen über die Philosophie der Psychologie Band II. "Das Innerte und das Aussere" (1949-1951), (London, Basil Blackwell Publis hers, 1992)|, éd. par G.H. von Wright et H.Nyman, trad. Gérard Granel (Mauvezin, TER, 2000).

**L** : Leçons et conversations sur l'esthétique, la psychologie et la croyance religieuse |Lectures and Conversations. Lecture on Ethics|, textes établis par Cyril Barret d'après les notes prises par Yorick Smythies, Rush Rhees et James Taylor, suivies de Conférence sur l'éthique, éditée et commentée par Rush Rhees avec des extraits de notes prises par Friedrich Waismann, trad. Jacques Fauve, col. Idées n°477 (Paris, Gallimard, 1971-1982).

**NE** : Notes sur l'expérience privée et les sense data |Notes for Lectures on 'private experience' and 'sense data', éd. Rush Rhees 1934-1936/1968)|, trad., préface et annexes par Elisabeth Rigal (Mauvezin, TER, 1982).

**PHI I** : Philosophica I. Philosophie (TS 213, §§ 86-96), suivi de MOORE (George E.), Les Cours de Wittgenstein en 1930-1933, trad. et avant-propos par Jean-Pierre Cometti (Mauvezin, TER, 1997).

**PHI II** : Philosophica II. Notes pour les cours sur l'expérience privée et les "sense data" (1934-1936), Le langage de l'expérience privée et les "sense data" (1935-1936), Notes pour la "Conférence philosophique" (c.1935-1936) |Philosophical Occasions 1912-1951, éd. J/KLagge et A.Nordmann (New York et Cambridge, 1993), Notes on Private Experience and Sense Data & Notes for the "Philosophical Lecture', éd. Wittgenstein's Trusties; The Language of Private Experience and Sense Data, éd. Mrs Peggy Rhees|, présentation et préparation des textes David G.Stern, trad. Elisabeth Rigal (Mauvezin, TER, 1999).

**PHI III** : Philosophica III. Conférence sur l'Ethique, Remarques sur le Rameau d'Or de Frazer, Cours sur la liberté de la volonté, textes établis par James C.Klagge et Alfred Nordmann, trad. Jean-Pierre Cometti, Gérard Granel et Elisabeth Rigal (Mauvezin, TER, 2001).

**RM** : Remarques mêlées |Vermischte Bermerkungen, Oxford, Basil Blackwell, 1978|, éd. Henrik von Wright, trad. Gérard Granel (Mauvezin, TER, 1984-1990).

**RM II** : Ibid., présentation et notes par Jean-Pierre Cometti, col. GF n°815 (Paris, Flammarion, 2002).

**RP** : Remarques philosophiques |Philosophischen Bermerkungen (1930), 1964|, éd. posthume due aux soins de Rush Rhees, trad. Jacques Fauve, col. TEL (Paris, Gallimard, 1975-1984).

**RC** : Remarques sur les couleurs |Bemerkungen über die Farben (1950-1951), éd. G.E.M. Anscombe, 1977|, suivi de Le vu, le peint et le parlé par Elisabeth Rigal, trad. Gérard Granel (Mauvezin, TER, 1984).

**WRF** : Remarques sur les fondements des mathématiques |Bemerkungen über Grundlagen der Mathematick (Oxford, Basil Blackwell, 1956)|, éd. G.E.M.Anscombe, Rush Rhees et G.H. von Wright, trad. Marie-Anne Lescouret, col. Bibliothèque de philosophie (Paris, Gallimard, 1983).

**RPP I** : Remarques sur la philosophie de la psychologie, I |Bemerkungen über die Philosophie der Psychologie (1946-1947) (Londres, Basil Blackwell, 1980)|, éd. G.E.M.Anscombe et G.H. von Wright, trad. Gérard Granel (Mauvezin, TER, 1989).

**RPP II** : Remarques sur la philosophie de la psychologie, II |Bemerkungen über die Philosophie der Psychologie (1948) (Londres, Basil Blackwell, 1980)|, éd. G.E.M.Anscombe et G.H. von Wright, trad. Gérard Granel (Mauvezin, TER, 1994).

**TI** : Tractatus logico-philosophicus suivi de Investigations |Recherches| philosophiques (1945), introduction de Bertrand Russell, trad. Pierre Klossowski, col. TEL n°109 (Paris, Gallimard, 1961-1988).

**TO** : Tractatus logico-philosophicus. Logisch-philosophische Abhendlung (Frankfurt an Main, Suhrkamp, 1960).

**TN** : Tractatus logico-philosophicus, trad., préambule et notes de Gilles-Gaston Granger, col. Bibliothèque de philosophie (Paris, Gallimard, 1993).

**WCV** : Wittgenstein et le Cercle de Vienne, d'après les notes de Friedrich Waismann, texte établi par Brian McGuiness |London, Basil Blackwell, 1967)|, trad. Gérard Granel (Mauvezin, TER, 1991).

**RMO** : Remarques sur "Le Rameau d'Or" de Frazer (1930-1931), trad. Jean Lacoste, suivie de Jacques Bouveresse, L'animal cérémoniel : Wittgenstein et l'anthropologie, col. Le Bruit du Temps (Paris, L'Age d'homme, 1982).

# TABLE DES MATIÈRES

# Les Beaux Arts
# aux éditions L'Harmattan

## *Dernières parutions*

**FRONTIÈRES & ARTS**
**De l'opacité à la fraternité**
*Le Corre Sandrine*
Les arts donnent à penser les frontières. Sans doute, parce que les artistes sont des êtres de passages. Par leurs déplacements ils font bouger les frontières. Ce livre part des œuvres – six créations plastiques et deux littéraires. Leur analyse rend compte d'une approche artistique des frontières structurée en trois moments : matérialité des frontières, expérience de la traversée et mises à l'épreuve de l'humanité. Si l'approche est artistique, les enjeux sont esthétiques et politiques.
*(Coll. Eidos série Retina, 17.50 euros, 162 p.)*
*ISBN : 978-2-343-07984-4, ISBN EBOOK : 978-2-336-39794-8*

**BANJO ATTITUDES**
**Le banjo à cinq cordes : son histoire générale, sa documentation**
*De Smaele Gérard - Préface d'Art Rosembaum et postface d'Etienne Bours*
Ce prototype africain, dont le banjo à cinq cordes dérive, nous ramène aux origines, aux musiciens d'Afrique de l'Ouest, aux plantations des Amériques où il était l'instrument de prédilection des esclaves. Populaire au XIXe siècle par les *minstrel-shows*, il fut après la guerre de Sécession, élevé au rang d'instrument de salon et conquit l'audience des salles de concerts classiques. Il retrouvera un solide élan de popularité dans la seconde partie du XXe siècle, au cœur du folk revival et de la musique old time, sans oublier le bluegrass banjo.
*(25.50 euros, 238 p.)*
*ISBN : 978-2-343-07416-0, ISBN EBOOK : 978-2-336-39714-6*

**JEAN-NOËL DUPRÉ**
**C'est peut-être ça la vie !**
*Cara Fabienne, Bonnard Marc-Fabien*
Depuis sa disparition, en mars 2008, il nous appartenait, amis proches, confrères paroliers, compositeurs, producteurs... de rendre hommage à l'auteur Jean-Noël Dupré. Bien sûr, l'interprète nous a marqués à travers par exemple sa version personnelle de *Y'a d'la joie* de Charles Trenet. Tous les médias s'en étaient fait l'écho. Mais Jean-Noël était avant tout un auteur. Et si ce livre qui lui est consacré peut permettre d'apprécier ses textes, il aura atteint le but que nous nous sommes fixé.
*(Coll. Cabaret, 16.50 euros, 152 p.)*
*ISBN : 978-2-343-06761-2, ISBN EBOOK : 978-2-336-39811-2*

**LE VISITEUR DU FUTUR**
**Les coulisses d'une web-série culte**
*El Shoura Olympe*
Voici le récit de l'expérience de l'auteur au cœur d'une web-série qui aura marqué toute une génération connectée : *Le Visiteur du Futur*, écrite et réalisée par François Descraques. Lancée avec ses comparses sans moyens financiers mais avec une même passion, l'objectif était de partager avec le plus grand nombre une oeuvre originale et autoproduite. La web-série est devenue culte, observée de près par les professionnels de l'audiovisuel pour sa capacité à renouveler le potentiel créatif dans le domaine de la fiction française.
*(Coll. De Visu, 12.50 euros, 104 p.)*
*ISBN : 978-2-343-07762-8, ISBN EBOOK : 978-2-336-39743-6*

**J'AURAIS TEMPS AIMÉ !**
**Aux frontières d'Argenton**
*Koest Bernard*
Et si notre vie ne consistait à rien d'autre qu'à l'écrire ? Il suffirait de se retourner, de retourner dans son pays natal, où peut-être n'est-on même pas né, et voici alors que nous pourrions le choisir. La frontière entre temps et espace peut s'ouvrir pour peu que l'on y dérive, que l'on associe nos lieux avec nos images. Placez vos pas dans leurs empreintes et vous pourriez bien vous retrouver en même temps ici et là-bas, hier et aujourd'hui, dedans et dehors... La frontière n'existe que si on lui donne un sens. Celle d'Argenton, et les vôtres aussi.
*(Coll. RETINA.CRÉATION, 15.00 euros, 92 p., Quadrichromie)*
*ISBN : 978-2-343-06988-3, ISBN EBOOK : 978-2-336-39748-1*

**ART ET ABANDON**
**Des artistes racontent**
*Lemare Pascale - Préface de Sandrine Dekens*
Pascale Lemare a trouvé un chemin original pour nous faire partager l'expérience tragique de l'abandon, elle est allée à la rencontre d'une douzaine d'artistes et les a interviewés longuement. Dans une écoute attentive, dépouillée des constructions théoriques préexistantes, elle a recueilli les récits de ces femmes et ces hommes qui, alors qu'ils étaient nourrisson, enfant, voire adolescent, ont été adoptés. Chacun raconte avec sincérité un parcours qui s'est structuré par l'art.
*(28.00 euros, 280 p.)*
*ISBN : 978-2-343-07582-2, ISBN EBOOK : 978-2-336-39580-7*

**POÏÉTIQUES DU DESIGN**
**Conception et politique**
*Sous la direction de Gwenaëlle Bertrand et Maxime Favard*
Si l'on considère le vaste champ du design comme un lieu propice aux contestations et aux élaborations d'utopies contradictoires, on peut supposer que ce dernier participe à la définition politique du territoire. Ainsi fait de société, le design implique l'individu au cœur de la relation qu'il entretient avec la collectivité. Le citoyen pris à parti, encouragé à la participation, devient acteur de son environnement.
*(Coll. Esthétique série Ars, 25.00 euros, 254 p.)*
*ISBN : 978-2-343-07730-7, ISBN EBOOK : 978-2-336-39487-9*

**PIERRE BAQUÉ, UN ART SINGULIER**
*Desiderio Mauro*
4 films sur Pierre Baqué. *Moment de création, dans l'atelier de Pierre Baqué* (2015, 26 minutes). Pierre Baqué apporte les dernières retouches et évoque sa méthode, sa conception esthétique et technique de la création, en développant une réflexion de portée universelle. *Art commenté* (2015, 45 minutes). Dans son atelier, Pierre Baqué présente et commente un ensemble de ses œuvres. Un premier corpus est d'inspiration biblique et comprend une relecture de la «Cène» ainsi que des «Sept douleurs de la vierge». Un second interroge le «memento mori» et le «carpe diem». Un troisième est constitué de surprenantes vanités s'inscrivant dans une mouvance artistique très ancienne tout en renouvelant les formes. *L'Écume des jours*, une exposition d'œuvres de Pierre Baqué (2015, 45 minutes). À Paris, Pierre Baqué commente ses œuvres les plus récentes lors d'une exposition. *Penser l'Art* (2015, 12 minutes). Pierre aborde des éléments de méthode quant à sa technique et son esthétique.
*(20.00 euros)*
*ISBN : 978-2-336-29746-0*

**L'UNIVERSALITÉ DES SIGNES GRAPHIQUES**
*Otte Marcel*
Par la création de formes, l'humanité se dégage de l'emprise biologique, et chacune de ces images révèle une partie de l'inconscient enfin libéré. Mais, partis du naturel physiologique, les signes graphiques poursuivent ensuite leur propre trajectoire en total autonomie, ils attirent la destinée humaine dans leur aventure, jusqu'à l'écriture puis aux polices informatiques.
*(16.50 euros, 152 p.)*
*ISBN : 978-2-343-07351-4, ISBN EBOOK : 978-2-336-39430-5*

**CRISE ET PATRIMOINE MONUMENTAL**
*Sous la direction de Mylène Le Roux*
Voici évalués les effets de la crise économique sur le patrimoine monumental. *A priori* négatifs, ils peuvent aussi être envisagés sous un angle positif, en analysant les réactions - essentiellement des pouvoirs publics - visant à pallier les impacts de la crise (rationalisation, valorisation, intégration du développement durable), les réflexions menées face à des enjeux émergents, ainsi que la potentielle contribution du patrimoine monumental au redressement productif.
*(Coll. Droit du Patrimoine culturel et naturel, 27.00 euros, 264 p.)*
*ISBN : 978-2-343-07016-2, ISBN EBOOK : 978-2-336-39540-1*

**CONCEPTION NON FORMELLE EN ARCHITECTURE**
**Expériences d'apprentissage et pratiques de conception**
*Estevez Daniel*
*Préface de Christophe Hutin*
Les travaux présentés dans cet ouvrage concernent l'enseignement de la conception contemporaine en architecture. La conception non formelle est l'ensemble de procédures d'improvisation qui permettent aux concepteurs de s'écarter de la planification et de la modélisation, créant une architecture du moment. Cette conception est basée sur l'idée que savoir théorique et raison

pratique, conception et réalisation, ne sont pas opposés mais qu'au contraire ils se nourrissent mutuellement.
*(Coll. Questions contemporaines, 22.50 euros, 222 p.)*
*ISBN : 978-2-343-07295-1, ISBN EBOOK : 978-2-336-39498-5*

**DEUX ROME**
**Paris-Mexico 1784-1910 (I. Architectures et transferts)**
*Dasques Françoise*
Cet ouvrage en trois tomes analyse les transferts en architecture opérés entre la France et le Mexique, dans le monde global du XIXe siècle que stimulent et conditionnent les normes de la modernité franco-anglaise. La question du fer, structurelle et symbolique du nouvel état industriel, le livre, premier moteur de l'influence, et enfin les hommes (constructeurs mexicains formés en France ou professionnels français intervenant au Mexique) forcent l'entrée de modèles par des voies dont ce volume sonde la pertinence.
*(Coll. Historiques, série Travaux, 29.50 euros, 286 p.)*
*ISBN : 978-2-343-07128-2, ISBN EBOOK : 978-2-336-39660-6*

**DU STYLE PARISIEN À L'ÉCLECTISME PORFIRIEN**
**Paris-Mexico 1784-1910 (II. Architectures et devenir des formes)**
*Dasques Françoise*
Cet ouvrage en trois tomes analyse les transferts en architecture opérés entre la France et le Mexique, dans le monde global du XIXe siècle que stimulent et conditionnent les normes de la modernité franco-anglaise. L'analyse architecturale, objet de ce second tome, postule un devenir des formes, soit la singularité de bâtiments et monuments inspirés par les solutions françaises alors dominantes. L'architecture des Français du Mexique montre à l'examen que rien ne se transporte en l'état.
*(Coll. Historiques, série Travaux, 25.50 euros, 244 p.)*
*ISBN : 978-2-336-30580-6, ISBN EBOOK : 978-2-336-39659-0*

**LA PENSÉE FRANÇAISE DE L'ARCHITECTURE MEXICAINE**
**Paris-Mexico 1784-1910 (III. Architectures et univers mental)**
*Dasques Françoise*
Ce livre en trois tomes analyse les transferts en architecture opérés entre la France et le Mexique, dans le monde global du XIXe siècle que stimulent et conditionnent les normes de la modernité franco-anglaise. Lien choisi (ancrages) ou subi (dépendances), la pulsion française du Mexique indépendant, thème de ce troisième tome, fait l'objet de manifestations pendulaires, indices des relations à la fois fusionnelles et chaotiques qui conduisent l'histoire des deux pays et dont témoignent les faits d'architecture.
*(Coll. Historiques, série Travaux, 24.50 euros, 228 p.)*
*ISBN : 978-2-336-30581-3, ISBN EBOOK : 978-2-336-39658-3*

**L'HARMATTAN ITALIA**
Via Degli Artisti 15; 10124 Torino
harmattan.italia@gmail.com

**L'HARMATTAN HONGRIE**
Könyvesbolt ; Kossuth L. u. 14-16
1053 Budapest

**L'HARMATTAN KINSHASA**
185, avenue Nyangwe
Commune de Lingwala
Kinshasa, R.D. Congo
(00243) 998697603 ou (00243) 999229662

**L'HARMATTAN CONGO**
67, av. E. P. Lumumba
Bât. – Congo Pharmacie (Bib. Nat.)
BP2874 Brazzaville
harmattan.congo@yahoo.fr

**L'HARMATTAN GUINÉE**
Almamya Rue KA 028, en face
du restaurant Le Cèdre
OKB agency BP 3470 Conakry
(00224) 657 20 85 08 / 664 28 91 96
harmattanguinee@yahoo.fr

**L'HARMATTAN MALI**
Rue 73, Porte 536, Niamakoro,
Cité Unicef, Bamako
Tél. 00 (223) 20205724 / +(223) 76378082
poudiougopaul@yahoo.fr
pp.harmattan@gmail.com

**L'HARMATTAN CAMEROUN**
BP 11486
Face à la SNI, immeuble Don Bosco
Yaoundé
(00237) 99 76 61 66
harmattancam@yahoo.fr

**L'HARMATTAN CÔTE D'IVOIRE**
Résidence Karl / cité des arts
Abidjan-Cocody 03 BP 1588 Abidjan 03
(00225) 05 77 87 31
etien_nda@yahoo.fr

**L'HARMATTAN BURKINA**
Penou Achille Some
Ouagadougou
(+226) 70 26 88 27

**L'HARMATTAN SÉNÉGAL**
10 VDN en face Mermoz, après le pont de Fann
BP 45034 Dakar Fann
33 825 98 58 / 33 860 9858
senharmattan@gmail.com / senlibraire@gmail.com
www.harmattansenegal.com

**L'HARMATTAN BÉNIN**
ISOR-BENIN
01 BP 359 COTONOU-RP
Quartier Gbèdjromèdé,
Rue Agbélenco, Lot 1247 I
Tél : 00 229 21 32 53 79
christian_dablaka123@yahoo.fr

Achevé d'imprimer par Corlet Numérique - 14110 Condé-sur-Noireau
N° d'Imprimeur : 705472 - Mars 2017 - Imprimé en France